U0529522

本书受2023年湖北省社科基金一般项目（后期资助项目）（HBSKJJ20233281）和2023年国家民委高等教育教学改革研究项目（23015）资助

数字领导力
与员工创新行为
关系研究

李玲 ◎ 著

Research on the Relationship
between Digital Leadership
and Employee Innovation Behavior

中国社会科学出版社

图书在版编目（CIP）数据

数字领导力与员工创新行为关系研究 / 李玲著.
北京：中国社会科学出版社，2025.7. -- ISBN 978-7-5227-5289-1

Ⅰ．F272.7；F273.1

中国国家版本馆 CIP 数据核字第 2025GX5228 号

出 版 人	季为民
责任编辑	刘晓红
责任校对	阎红蕾
责任印制	戴　宽
出　　版	中国社会科学出版社
社　　址	北京鼓楼西大街甲 158 号
邮　　编	100720
网　　址	http://www.csspw.cn
发 行 部	010-84083685
门 市 部	010-84029450
经　　销	新华书店及其他书店
印刷装订	北京市十月印刷有限公司
版　　次	2025 年 7 月第 1 版
印　　次	2025 年 7 月第 1 次印刷
开　　本	710×1000　1/16
印　　张	12
字　　数	169 千字
定　　价	66.00 元

凡购买中国社会科学出版社图书，如有质量问题请与本社营销中心联系调换
电话：010-84083683
版权所有　侵权必究

序

当今世界正经历一场由数字技术驱动的深刻变革，云计算、大数据、人工智能等数字技术的广泛应用，不仅重塑了商业生态，更对组织管理模式和领导风格提出了全新要求。在这一背景下，数字领导力（Digital Leadership）作为数字化时代孕育的新型领导风格，正逐渐成为企业实现数字化转型和持续创新成功的关键因素。随着企业数字化转型的加快、工作场所数字化的普及，数字领导力的重要性愈发凸显——它不仅是数字赋能的工具，更是激发组织创新活力的战略能力。本书立足于数字化变革前沿，系统探讨了数字领导力与员工创新行为的动态关系。本书基于数字化情境下领导风格的演变趋势，创新性地提出了"数字领导力"的理论框架，并通过严谨的实证研究，揭示了数字领导力影响员工主动创新行为的内在机理。

本书基于社会交换理论、社会学习理论、社会认知理论、沉浸理论和自我决定理论等多维理论视角，对数字化领导风格影响员工创新行为进行了系统性的理论构建与实证检验，在研究视角和理论贡献上具有创新性。具体而言，本书的理论创新主要体现在以下三个方面：一是立足企业数字化转型背景，创新性地提出"数字化准备"和"领导数字化支持"两个核心构念。基于自我效能理论和组织支持理论的双重视角，深入剖析了员工的数字化准备对其数字化创造力的影响机制。本书研究不仅揭示了创新自我效能感的关键中介作用，还发现了领导数字化支持的边界调节效应。这一理论突破不仅拓展了数字技术赋能企业创新的研究维度，更为数字技术在创新实践中的灵活应用提供了理论指引。二是针对数字经济时代催生的新型领导风格，系统考察了平台型领导对员工创新行为的影响机制。基于社会认知理论和社会学习理论的整合框架，构建了平台型领导与员工主动创新行为的跨层次影响模型。通过揭示"平台型领导—创造性自我效能感/团队学习涌现—员工主动创新行为"的跨层次中介机制，揭示了平台型领导激发员工日常主动创新活动的"黑箱"，为管理者构建互利共赢的创新平台提供了理论依据和实践启示。三是聚焦数字领导力的情境化特征，基于社会认知理论和沉浸理论，构建了数字领导力影响员工主动创新行为的理论模型。研究发现，数字领导力通过创新自我效能感和内部人身份感知等多重中介路径，显著提升了员工的主动创新行为。这一理论创新不仅丰富了数字经济时代领导风格研究的内涵，也为数字化转型企业的人才管理实践提供了科学参考。

本书研究视角新颖，以社会社会交换理论、社会学习理论、社会认知理论、沉浸理论和自我决定理论作为理论基础，对数字化领导风格影响员工创新行为进行了深入的实证研究，在以下方面具有一定的创新：一是基于企业数字化转型背景，提出"数字化准备"和"领导数字化支持"的概念，基于自我效能理论和组织支持理论，考察了员工的数字化准备对其数字化创造力的影响机制，探讨了创新自我效能感的中介作用以及领导数字化支持的调节作用。丰富了数字技术赋能企业创新的研究内容，有助于推进数字技术在创新理论与实践中的灵活运用。二是数字经济时代催生了平台型领导风格。该领导风格的主要特点是通过搭建领导者与员工之间共同的事业平台，实现领导者与员工之间的平等交流、彼此成全，共同进步，最终将事业平台越做越大，实现共赢。基于社会认知理论和社会学习理论，构建了平台型领导与员工的主动创新行为跨层次影响模型。这些研究结果有助于揭开平台型领导如何影响员工主动创新行为的"黑箱"，并对企业管理者如何激励员工的日常创新活动提供借鉴和指导。三是数字领导力作为数字化时代的新型领导力，企业领导者以数字技术为手段，整合、协同资源，激励、影响员工不断实现个人目标和组织目标的能力。企业在数字化转型过程中，数字领导力能促进组织员工之间信息的自由流动、共享，创造良好的创新条件和组织氛围，激发员工的主动创新行为。以数字化转型企业的员工作为研究对象，基于社会认知理论、沉浸理论和社会交换理论，构建了数字领导力对员工主动创新行为影响的理论模型。

本书在方法论层面具有以下突出特色：严格遵循"问题界定→文献综述→理论探讨→实证检验→结论提炼→实践启示"的研究思路。具体运用了文献研究法对国内外相关研究进行系统梳理，通过内容分析法，深入解析数字领导力的内涵特征，并采用实证研究方法对理论假设进行科学验证。在理论价值方面，本书开创性地构建了数字领导力影响员工创新行为的理论体系，填补了该领域的研究不足；在方法论层面，通过多种研究方法的有机结合，提升了研究结论的科学性与可靠性，其阶段性研究成果已经陆续在国内一些权威、核心期刊发表。总体而言，本书不仅在理论上拓展了数字领导力研究的新视野，而且在研究方法上实现了重要突破，是一项兼具理论前沿性和实践指导价值的研究成果，对推动数字时代的领导力理论和创新管理研究具有重要启示意义。

在本书的编写过程中，我深深感受到来自各方的支持与帮助。首先，要衷心感谢学院领导的帮助和大力支持，为本书的顺利出版提供坚实的保障。特别感谢中国社会科学出版社对本书出版的高度重视，尤其是责任编辑刘晓红女士以专业的素养和严谨的态度，为本书的质量提升付出了大量心血。她细致入微的审校工作和建设性的修改建议，使本书得以更加完善地呈现。同时，我要感谢我的硕士研究生宋浩同学，他在本书第六章的数据收集与分析工作中做出了重要贡献。还要向本书参考文献中列出的国内外专家、学者致以诚挚的谢意，你们的前期研究成果为本书奠定了坚实的理论基础。

尽管我们在研究过程中力求严谨，但由于数字领导力研究领域发展迅速，加之编者水平有限，书中难免存在疏漏与不足之处。我们热忱期待学界同仁和广大读者不吝赐教，您的批评指正将是我们继续深化研究的重要动力。未来，我们将持续关注这一领域的新发展，不断推进相关研究的深化与细化。

李玲
2025 年 5 月

摘　　要

随着信息化和"互联网+"时代的到来,以及云计算、大数据、物联网、3D打印等数字技术的广泛运用,人类社会由工业经济时代向数字经济时代过渡。数字技术的发展不仅改变了人们传统的工作和生活方式,给企业原有的商业模式、组织结构、新产品设计和制造过程等也带来了颠覆性的改变。数字化情境下,企业面临的内外部环境变得更加动荡,充满不确定性,原有的僵化的组织结构已经不适合平台化、虚拟化、信息化的组织形式要求。数字技术为企业的创新和发展提供了新的机会,几乎没有企业或者组织可以免受数字技术带来的颠覆性影响。随着数字经济的飞速发展,市场竞争的不断加剧和组织结构的不断调整,组织创新与工作方式受到了更多的挑战。一方面,创新重要性日益凸显,成为企业在市场竞争中维持竞争优势,实现长远生存发展的基础;另一方面,数字技术的快速发展,涌现出更多创新创业的机会,创新渗透到组织的方方面面。作为企业创新的主体,员工的创新能力决定着企业的创新水平。近年来,越来越多的企业领导者致力于鼓励和激发员工主动创新行为。员工的创新行为可分为主动创新行为和被动创新行为,主动创新行为是指员工积极主动地承担起创新责任,不畏艰难,创新韧性十足,勇于解决在创新过程中出现的一系列难题和挑战。员工的主动创新行为对企业创新能力和创新绩效的提升至关重要,因此也引起了企业和学者的普遍关注,如何促使员工产生积极主动的创新行为成为研究热点。

数字领导力作为数字化时代的新型领导风格,随着数字技术的应用，以及在线办公等工作方式的兴起而愈加重要，对员工的创新行为有重要的影响。数字化背景下，企业管理者的领导力，对加快企业数字化转型、促进员工主动创新行为、提高企业的创新能力极为重要。本书结合数字化情境下，企业管理者领导风格的演变，提出了数字化领导风格的理念，总结和提炼出数字化背景下的数字领导力，以及对员工主动创新行为影响的理论模型，并运用收集的数据进行了深入的实证研究，得出结论和启示，为企业管理者制定创新政策，激发和管理员工主动创新行为提供理论指导和实践参考。

第一，数字技术的发展为企业的创新与发展带来机遇与挑战。目前，数字技术对企业员工数字化创新能力的影响研究仍处于起步阶段。本书基于自我效能理论和组织支持理论，考察了员工的数字化准备对其数字化创造力的影响机制，探讨了创新自我效能感的中介作用，以及领导数字化支持的调节作用。通过回收的 270 份有效问卷对书中的研究假设进行实证检验，研究结果表明：数字化准备有助于提升员工的数字化创造力；创新自我效能感在数字化准备和数字化创造力间起着中介作用；领导数字化支持在数字化准备与创新自我效能感之间发挥着正向调节作用，并进一步调节创新自我效能感在数字化准备与数字化创造力间的中介作用，即领导数字化支持越高，创新自我效能感在员工数字化准备与数字化创造力之间的中介效应越显著；反之亦然。本书丰富了数字技术赋能企业创新的研究内容，有助于推进数字技术在创新理论与实践中的灵活运用。

第二，员工的创新能力决定着企业的生存和长远发展。企业管理者的领导风格对员工的创新行为有重要影响，企业所面临的瞬息万变的外部环境，以及知识型员工崛起的时代催生了平台型领导风格。该领导风格的主要特点是通过搭建领导与员工之间共同的事业平台，实现领导与员工之间的平等交流、彼此成全、共同进步，最终将事业平台越做越大，实现领导与员工共赢。平台型领导者的"个人魅力"在影响员工行为方面有积极的作用，有助于促进员工主动创新行为。基于社会认知理论和社会学习理论，构建了平台型领导与员工的主动创新行为跨层次影响模型。通过对 24 个团队 211 人的团队样本数据进行实证分析，结果表明：①平台型领导对团队学习涌现、创造性自我效能感和主动创新行为具有显著的正向促进作用；②创造性自我效能感在平台型领导与主动创新行为之间起着跨层次的中介作用；③团队学习涌现在平台型领导与主动创新行为之间也起着跨层次的中介作用。这些研究结果有助于揭开平台型领导如何影响员工主动创新行为的"黑箱"，并对企业管理者如何激励员工的日常创新活动提供借鉴和指导。

第三，大数据、5G、物联网、人工智能、云计算、3D 打印等数字技术正在以前所未有的速度和颠覆力改变着人们的生活和工作方式，这对企业的组织结构和商业模式的创新提出新的挑战，如何快速成功实现企业的数字化转型升级，提升企业的数字化创新力，与企业的管理者息息相关。数字领导力作为数字化时代的新型领导力，企业领导者以数字技术为手段，整合、协同资源，激励、影响员工不断实现个人目标和组织目标的能力。数字化领导力是数字技术与领导力的结合，企业管理者在数字环境情境下，对数字技术的广泛运用持有开放、包容和积极乐观的态度，为迎接数字化带来的组织变革，积极进行数字化转型，鼓励和奖励员工主动利用数字技术从事创新活动，并迅速调整组织治理结构和生产流程，提升企业应对变化的能力。企业在数字化转型过程中，数字领导力能促进组织员工之间信息的自由流动、共享，创造良好的创新条件和组织氛围，激发员工的主动创新行为。以数字化转型企业的员工为研究对象，基于社会认知理论和沉浸理论，构建了数字领导力对员工主动创新行为影响的理论模型。通过回收的 414 份有效问卷，利用 SPSS25.0 和 MPLUS9.0 软件对收集的数据进行实证分析，并对书中的假设进行检验。实证分析结果发现：①数字领导力对员工主动创新行为有显著的促进作用。②数字领导力通过创新自我效能感的中介机制对员工主动创新行为产生积极的影响。③内部人身份认知在数字领导力与员工主动创新行为之间起着中介作用。④主动性人格正向调节创新自我效能感在数字领导力与员工主动创新行为之间的中介效应,并起着被调节的中介效应。

第四,首先,对前面的实证研究结果进行归纳总结。其次,在结论的基础上,提出了一些对策建议。最后,指出本书存在的研究局限,对后续的研究作了进一步的展望。

关键词: 数字领导力;平台型领导;创新自我效能感;主动性人格;内部人身份感知;员工主动创新行为

Abstract

With the advent of information technology and the "Internet+" era, as well as the extensive use of digital technologies such as cloud computing, big data, the Internet of Things, and 3D printing, human society has transitioned from the industrial economic era to the digital economic era. The development of digital technology has not only changed the traditional way of working and living, but also brought subversive changes to the original business model, organizational structure, new product design and manufacturing process of enterprises. In the digital context, the internal and external environment faced by enterprises has become more turbulent and uncertain, and the original rigid organizational structure is no longer suitable for the requirements of platformization, virtualization, and informatization in organizational forms. Digital technologies provide new opportunities for enterprise innovation and development, and few companies or organizations are immune to the disruptive impact of digital technologies. With the rapid development of digital economy, the increasing market competition and the continuous adjustment of organizational structure, organizational innovation and working methods have been more challenged. On the one hand, the importance of innovation is increasingly prominent, becoming the foundation for enterprises to maintain competitive advantages in market competition and achieve long-term survival and development; On the other hand, with the rapid development of digital technology, it has penetrated into all aspects of organizations, creating more opportunities for innovation and entrepreneurship. As the main body of enterprise innovation, employee creativity determines the innovative ability of enterprises. In recent years, more and more business leaders are committed to encouraging and motivating employees to take the initiative to innovate. The innovative behavior of employees can be divided into proactive innovative behavior and passive innovative behavior. Proactive innovative behavior refers to employees actively and willingly taking on the responsibility of innovation, fearless of difficulties, with strong innovation resilience, and the courage to solve a series of problems and challenges that arise during the innovation process. Proactive innovative behavior is crucial for improving the innovative ability and performance of enterprises, having also attracted widespread attention from enterprise managers and scholars. How to encourage employees to engage in proactive innovative behavior has become a research hotspot.

The leadership of enterprise managers in the digital context is extremely important for accelerating the digital transformation, promoting employees' proactive innovative behavior, and improving enterprises' innovative ability. Based on the evolution of managers' leadership style in the digital context, this book puts forward the concept of digital leadership, summarizes and extracts the theoretical model of digital leadership in the digital context and its impact on employees' proactive innovative behavior, and conducts in-depth empirical research using the collected data to draw conclusions and inspirations. It provides theoretical guidance and practical reference for enterprise managers to formulate innovation policies to stimulate and manage employees' proactive innovative behavior.

Firstly, the development of digital technology brings opportunities and challenges to the innovation and development of enterprises. At present, the research on the influence of digital technology on enterprise employee digital creativity is still in its infancy. Based on organizational support theory and self-efficacy theory, this book examines the influence mechanism of employee digital innovation readiness on their digital creativity, and discusses the mediating role of innovation self-efficacy and the moderating role of high-level digital support. 270 valid questionnaires were collected to test the hypothesis. The results show that digital innovation readiness contributes to the improvement of employee digital creativity. Creative self-efficacy plays a mediating role in the relationship between digital innovation readiness and employee digital creativity. Top management digital support plays a positive moderating role in the relationship between digital innovation readiness and creative self-efficacy, and further moderates the mediating role of creative self-efficacy in the relationship between digital innovation readiness and digital creativity. That is, the higher top management digital support is, the more significant the mediating effect of creative self-efficacy is. This study enriches the research content of digital technology enabling enterprise innovation and helps promote the flexible application of digital technology in innovation theory and practice.

Secondly, employee creativity determines the survival and long-term development of the enterprise. The leadership style of enterprise managers has a significant impact on employee innovative behavior. Facing the ever-changing external environment and the rise of knowledge workers, the platform leadership style has emerged. The main characteristic of this leadership is to establish a common career platform between leaders and subordinates, achieving equal communication, mutual improvement, and common progress between them. Ultimately, the career platform will become larger and larger, achieving a win-win situation between leaders and subordinates. The "personal charm" of platform leaders has a positive impact on the behavior of subordinates and helps to promote employees' proactive innovative behavior. Based on social cognitive theory and social learning theory, a cross-level impact model was constructed for platform leadership and employee proactive innovation behavior. Through the empirical analysis of 211 members in 24 teams, the results show that: ①Platform leadership has a significant positive effect on team learning emergence, creative self-efficacy and proactive innovative behavior. ②Creative self-efficacy mediated the relationship between platform leadership and proactive innovative behavior. ③Team learning emergence also plays a multilevel mediating role between platform leadership and proactive innovative behavior. Finally, the research results are beneficial to uncover the "black box" that how platform leadership affects employee proactive innovative behavior and provide guidance for enterprise managers on how to manage employee daily innovative activities.

Thirdly, digital technologies such as big data, 5G, the Internet of Things, artificial intelligence, cloud computing, and 3D printing are disrupting people's ways of life and work at an unprecedented speed. This poses new challenges to the innovation of organizational structure and business models. How to quickly and successfully achieve digital transformation and upgrading and enhance their digital innovative capabilities is closely related to the leadership of enterprise managers. Digital leadership, as a new type of leadership in the digital era, uses digital technology as a means to integrate and collaborate resources, motivate and influence employees' ability to continuously achieve personal and organizational goals. Digital leadership is the combination of digital technology and leadership. In the digital environment, managers hold an open, inclusive, and positive attitude towards the widespread use of digital technology. In order to welcome the organizational changes brought about by digitalization, they actively engage in digital transformation, reward and encourage employees to actively use digital technology for innovative activities, and quickly adjust the organizational governance structure and production processes, as well as enhance the company's ability to respond to changes. In the process of digital transformation, digital leadership can promote the free flow and sharing of information among employees, create favorable innovation conditions and organizational atmosphere to stimulate employees' proactive innovation behavior. Based on social cognitive theory and flow theory, a theoretical model was constructed to investigate the impact of digital leadership on employees' proactive innovative behavior in digital transformation enterprises. Through the collection of 414 valid questionnaires, the collected data was empirically analyzed using SPSS25.0 and MPLUS9.0 software, and the hypotheses in the book were tested. The empirical analysis results show that: ①Digital leadership has a significant promoting effect on employees' proactive innovative behavior. ②Digital leadership has a positive impact on employees' proactive innovative behavior through the mediating mechanism of innovative self-efficacy. ③Insider identity cognition plays a mediating role between digital leadership and employees' proactive innovative behavior. ④The proactive personality positively regulates the mediating effect of innovative self-efficacy between digital leadership and employees' proactive innovative behavior, and plays a moderated mediating effect.

Finally, the previous empirical research results are summarized and summarized. Based on the conclusions, some countermeasures and suggestions are proposed, and the research limitations of this article are pointed out. Further prospects are made for future research.

Keywords: Digital leadership; Platform leadership; Innovative self-efficacy; Insider identity cognition; Proactive personality; Employee proactive innovative behavior

目 录

第一章 绪论 ··· 1
第一节 研究背景与问题提出 ····························· 1
第二节 研究目的和意义 ·································· 8
第三节 研究内容、方法与技术路线 ··················· 13
第四节 研究创新点 ······································· 16

第二章 理论基础 ··· 19
第一节 社会交换理论 ···································· 19
第二节 社会学习理论 ···································· 22
第三节 社会认知理论 ···································· 25
第四节 沉浸理论 ·· 28
第五节 自我决定理论 ···································· 31
第六节 本章小结 ·· 35

第三章 相关文献综述 ···································· 36
第一节 平台型领导 ······································· 36
第二节 数字领导力 ······································· 39
第三节 员工数字化创造力 ······························· 45
第四节 主动创新行为 ···································· 51
第五节 创新自我效能感 ································· 55

第六节　内部人身份认知 ……………………………………… 59
第七节　主动性人格 …………………………………………… 63
第八节　本章小结 ……………………………………………… 65

第四章　领导数字化支持情境下数字化准备对员工数字化创造力的影响研究 ……………………………………… 66

第一节　问题聚焦 ……………………………………………… 66
第二节　理论分析与研究假设 ………………………………… 68
第三节　研究设计 ……………………………………………… 74
第四节　数据分析 ……………………………………………… 76
第五节　假设检验结果 ………………………………………… 77
第六节　本章小结 ……………………………………………… 81

第五章　数字时代平台型领导对员工主动创新行为的影响 ……… 83

第一节　问题提出 ……………………………………………… 83
第二节　理论分析与研究假设 ………………………………… 86
第三节　研究设计 ……………………………………………… 92
第四节　变量的统计性分析 …………………………………… 94
第五节　假设检验 ……………………………………………… 96
第六节　本章小结 ……………………………………………… 98

第六章　数字领导力对员工主动创新行为的影响机制 ………… 100

第一节　问题提出 ……………………………………………… 100
第二节　理论分析与研究假设 ………………………………… 103
第三节　研究设计 ……………………………………………… 112
第四节　样本的统计性分析 …………………………………… 118
第五节　假设检验 ……………………………………………… 120
第六节　本章小结 ……………………………………………… 128

第七章 研究结论、对策建议、研究的局限及未来研究方向 … 130

第一节 研究结论 … 130
第二节 对策建议 … 136
第三节 研究的局限及未来研究方向 … 140

参考文献 … 143

第一章

绪　论

第一节　研究背景与问题提出

一　数字化领导风格提出的现实背景

（一）企业面临数字化转型

随着物联网、大数据、云计算、人工智能、先进制造、3D 打印等数字技术的发展，引领企业进入数字经济时代。2020 年年底，中国互联网用户达 9.89 亿人，数字市场经济规模达 39.2 万亿元。随着数字技术的广泛应用，提高了人们日常工作和生活便利性，改善了生活质量。数字技术的发展不仅改变了人们传统的工作和生活方式，对企业原有的商业模式、组织结构、新产品设计和制造过程等也带来了颠覆性的改变，如何借助数字化进程，整合已有的资源进行数字化转型，抢占市场先机，已成为企业面临的重要挑战（Nambisan et al.，2017）。数字技术具有可扩展性、可生成性、可编辑性、可访问性等特点，降低了企业从事技术创新的成本、难度和风险性（Lokuge and Sedera，2018）。越来越多的企业利用数字技术获取所需资源，开发新产品、提供新的服务或数字解决方案等进行数字化创新（Digital Innovation）活动（Nambisan et al.，2017），维持可持续竞争优势。数字经济时代，几乎没有企业或组织可以免受数字技术带来的颠覆性影响和创新的改变（Nambisan et al., 2019）。中国中小企业作为数量最大、最具活力的企业群体，是实体经济发展的主力军，也是数字化转型的主战场。企业数字化转型不仅局限于IT领域，还包括客户服务、运营、销售、营销、财务、高管、供应链、人事、后勤、客户关系、生态、法务及其他各类企业事务。中小企业能否通过数字化转型快速成长为专精特新"小巨人"企业，对中国实体经济高质量发展意义重大。工业和信息化部等部门在2021年联合发布了《"十四五"促进中小企业发展规划》提出，未来将全面落实"中小企业数字化促进工程"，推动中小企业数字化转型、数字产业化发展，部署实施中小企业数字化赋能专项行动，锚定专精特新"小巨人"企业，打造数字化转型过程中"大创新"标杆。然而，《中小企业数字化转型分析报告（2020）》显示，89%的中小企业处于数字化转型探索阶段，8%的中小企业处于数字化转型践行阶段，仅有3%的中小企业处于数字化转型深度应用阶段。一部分中小企业已成为数字产业化先锋力量和产业数字化重要承载，但还有一部分中小企业也深受"不会转、不敢转、不能转"的困扰。

（二）数实深度融合的发展要求

2022年1月，国务院在印发的"十四五"数字经济发展规划中指出，"十四五"时期数字经济发展要以数字技术与实体经济深度融合为主线，赋能传统产业转型升级。到2025年，数字经济核心产业增加值占GDP比重达10%，数字技术与实体经济融合取得显著成效。第四次全国经济普查的数据显示，90%以上的企业数量为中小企业。中小企业作为数量最大、最具活力的企业群体，是中国实体经济的重要基础。中小企业是中国经济韧性的重要基础，也是数字经济与实体经济深度融合的关键。2020年3月，工业和信息化部印发了《中小企业数字化赋能专项行动方案》，随后，国家颁布了《关于推进"上云用数赋智"行动培育新经济发展实施方案》，旨在深入推动中小企业的数字化，加快产业数字化转型。工业和信息化部等部门在2021年联合发布了《"十四五"促进中小企业发展规划》提出,未来将全面落实"中小企业数字化促进工程",推动中小企业数字化转型、数字产业化发展,部署实施中小企业数字化赋能专项行动,推动数字经济与实体经济的深度融合与发展。中国数字经济发展虽然取得了一些成效,依然存在一些亟须解决的问题,如"规模发展快,但生产率转化低""数字技术专利多,但占据价值链高端的少"。此外,虽然中国的数字技术应用,以及基础设施建设水平在全球排名靠前,但是数字技术高价值专利(市场价值100万美元以上)取得数量相较于发达国家还有一些差距。中小企业面临数字化转型是顺应时代趋势,也是数字经济时代发展的必然要求。如何加快企业数字化转型,促进数字经济与实体经济的深度融合,不仅关系到中小企业的高质量发展,而且关系到中国经济的高质量发展。而数字经济与实体经济深度融合与企业深化数字化人才"引育留用"体制机制息息相关,完善的数字化人才培养和管理体系为数实深度融合发展提供人才保障。

(三)组织治理结构的挑战

数字化转型需要企业拥有更加灵活、扁平化的组织结构,以便快速响应市场消费者的需求变化。传统的金字塔式的组织结构,上下级间信息流动缓慢,缺乏对市场变化快速回应的敏捷性。而数字化转型需要企业快速搜集信息,成员之间共享知识、经验和技能等,因此需要采用更加扁平化的组织结构,打破科层制限制,促进信息的快速流通,及时响应市场消费者的需求变化。此外,数字技术的广泛渗透可能带来企业组织架构的重构、业务流程和商业模式的重塑,不仅对企业治理结构产生重要的影响,而且对企业利用数字技术从事创新活动也产生深刻的影响。高效的数字化治理机制是加快推进企业数字化转型及创新进程的先决条件,而建立一套完善的组织治理机制是提高数字化管理效率的保障,也是高层管理团队的共同责任(Turel et al.,2019)。

为了有效地推进企业数字化转型及数字化创新,需要实施有效的数字化管理,建立一套完善的组织治理机制是提高数字化管理效率的前提，也是企业领导的共同责任（Turel et al.，2019）。现有研究表明，企业管理者对数字化支持有助于构建结构化的、面向过程的以及业务和IT单元之间交互的治理机制，以加速企业数字化进程，提升数字化相关能力（Lunardi et al.，2014；Zhen et al.，2021）。企业CEO作为高层管理者权力结构的核心，影响企业组织架构的设定，为了推进企业数字化战略，明确各职能部门职责和权限，甚至设置CIO、CTO、CDO等职位，成立推进数字化的执行团队、委员会或理事会等，给予他们更多的决策权，以加快企业数字化转型。

（四）企业数字化转型需要新的领导风格

埃森哲发布的《中国企业数字化转型指数研究报告（2022）》显示，中国企业数字化转型取得显著成效的仅有17%，大部分企业数字化效果并不理想。企业在实施数字化转型的过程中，组织结构、规章制度、业务流程、商业模式、人员配备，以及人才管理方式等经历诸多方面的颠覆性变化，这对企业管理者现有的领导风格提出了新的挑战。

1. 缺乏数字领导力

企业数字化转型由高层管理者制定和实施，而企业管理者缺乏数字领导力，就会导致对数字认知应用、数字战略引领、数字变革推动、数字协调沟通、数字变革评估、数字文化建设等能力的缺乏（杜孝珍和代栋栋，2022）。缺乏数字领导力的企业管理者对数字化转型缺乏远见，无法制定明确的数字化转型战略，对数字化处于观望态度，导致企业管理者和员工在数字领域故步自封，很少产生新的和创造性的想法，致使企业的数字化转型因为管理者缺乏对数字化深刻的认识而停滞不前，效果堪忧（Balci et al.，2022）。此外，对于数字化转型践行阶段的企业而言，随着数字化转型的不断深入，其带来的挑战要求组织设置CIO、CTO、CDO等职位，以加快企业数字化转型的实施（Sia et al.，2016）。不仅如此，企业高层管理者通过调整自身领导风格以满足企业在数字化转型不同阶段的需求。

2. 建立对数字化转型的正确认知

数字技术具有易变性、不确定性、复杂性和模糊性，面对动态变化的市场环境和数字环境，需要企业管理者建立对数字化转型的正确认知。企业管理者需要明确数字化转型对企业发展的重要性，积极制定数字化转型战略，了解并掌握数字技术发展的最新发展趋势，保持认知框架的灵活性，对数字化市场环境保持敏锐的洞察力，提高组织的数字敏捷性，快速响应市场消费者需求变化。倘若面对数字技术发展，因循守旧，将数字化转型视为威胁而不是机会，缺乏长远的目光和规划，被动地迎接数字化挑战，将错失数字机遇。因此，企业管理者对数字技术发展的前瞻性、认知灵活性和数字管理能力对企业数字化转型及升级至关重要。并且企业管理者对待数字化的认知，还会影响企业员工对数字技术应用的认知和态度，不仅影响企业的数字化转型进程，还影响员工的主动创新行为。

3. 需要企业管理者整合、协调内外部资源

数字技术的发展对企业的产品研发、设计、生产、物流、销售和管理等带来颠覆性的改变。需要企业管理者整合多种资源，打通上下游客户、代理商、采购商和服务商等产业链，建立数字生态系统，整合内外部数字化资源，创建新的数字化商业模式。企业管理者如果不具备数字素养和数字化思维，不能了解数字技术的发展对企业产品设计、生产、流动，以及商业模式等可能带来的影响，则很难打破与客户、供应商和合作伙伴等之间的"信息孤岛"。不仅如此，还很难与客户、上下游合作企业、大学和研究机构、政府部门乃至竞争对手建立和维持合作关系，最终很难实现数字信息的自由流动和共享，信息的滞后使企业在市场中缺乏敏捷性，错失很多良机，处于被动地位（黄河，2023）。

4. 员工对数字化有抵触情绪

员工作为企业创新的主体，也是企业数字化转型的主要参与者和践行者。对于企业而言，数字化转型是一场重要的技术变革，由于数字技术的易变性、不确定性、复杂性等使员工对数字化转型的未来充满不确定性，员工对数字技术的运用缺乏清晰的认知，无法认清和理解数字化转型目标，对数字化转型持抵触和反对情绪。这需要企业管理者帮助员工转变对数字化的认知和态度，调适对数字化的认知心理，树立数字化的正确认知，培养员工的数字化思维，帮助员工学习与掌握对数字化有关的知识、经验和技能等。同时，数字化转型过程中面临的各种矛盾和冲突，需要企业管理者自上而下进行有效的沟通，化解各种矛盾。并且在数字化转型过程中，企业领导者能够积极主动放权，给员工一定的自主权和决策权，鼓励并奖励员工积极主动参与到数字化转型活动中（黄河，2023）。否则，数字化转型过程中，面临员工的种种抵触和不良工作绩效，很难取得成功。

二 研究问题的提出

创新决定着企业的生存与发展。员工作为组织中的创新实施主体，其创新行为构成了组织中的创新和内部创业的微观基础（Felin 等，2015），是企业创新成功的关键，直接影响企业的创新绩效。高层管理者对员工创新行为的支持，影响员工对待数字技术的认知和态度，对企业的数字化创新至关重要（王新成和李垣，2022）。相较于传统的 IT 技术，数字技术的使用对企业的影响是全面的，也是实现数字化转型及创新的前提，需要投入的研发费用高、时间跨度长，结果不确定，需要得到企业高层管理者的关注和支持才能顺利推进数字组件、数字平台或数字基础设施的建设与完善。企业管理者的领导风格对企业数字化战略的制定，以及数字技术的广泛运用等支持对促进数字化创新至关重要（王新成和李垣，2022）。目前，鲜有文献探究企业高层管理者对数字化支持情境下，员工的数字化准备对数字创造性活动及其结果的影响研究（王新成和李垣，2022）。

此外，当前一些企业面临管理者无法有效激发员工创新行为的问题，因此企业管理者的领导风格对员工创新行为的相关影响因素

第一章
绪　论

及作用机理成为当前研究的热点。西方主流理论将员工创新行为解释为员工出于自发的、主动的行为，很少解释为被动创新，认为员工的创新必然会带来好的结果。而赵斌等（2014）针对在中国情境管理实践中存在的员工应付性、权宜性、服从性的创新现象，将员工创新行为分为被动创新行为和主动创新行为，并提出只有主动创新行为才能实现创新的长期目标，呈现创新绩效的累积效应。员工主动创新行为概念提出后，学者纷纷从个人动机、情绪，以及组织的领导风格和管理模式等多方面探讨了员工主动创新行为的影响因素（前因变量）。而数字化时代，新型的领导风格对员工的创新行为有哪些影响，如数字领导力对员工主动创新行为的作用机理及影响路径有哪些。

信息技术时代（IT）向数字科技时代（DT）转变过程中，对现有组织的管理，如领导者自身的能力、领导者应对变化的理论与实践要求及员工等各方面提出了挑战。首先，数字化从根本上改变了企业的产品设计、生产制造、物流及销售等（Frank et al.，2019），重塑了当前的客户价值主张，转变了企业的商业运营模式（Berman，2012），为企业创新提供了无限的可能。充分利用数字技术提供的创新机会，通过数字化转型不断调整组织结构，适应市场变化，向数字化业务转型，才能够为企业长远发展提供源源不断的竞争优势。其次，领导力是支持组织创新和变革的关键因素，领导者是企业数字化转型战略的制定者和实施者（Cortellazzo et al.，2019）。数字化转型要求领导者站在组织寻求数字创新的最前沿，应对新兴的数字平台、数字产品和服务需求的快速增长，以及不断联结的用户等数字化主导的挑战（Zulu et al.，2021；EI Sawy et al.，2020）。面对数字化时代带来的组织环境的巨变，企业管理者不得不通时合变，运用信息技术、数字技术，甚至通过有效利用虚拟沟通等手段，保持组织灵活性，以保障组织的高效运行（巨彦鹏，2021）。最后，员工作为企业数字技术的使用者和数字化转型的参与者，其态度和行为关乎组织数字化转型的成败。因此，在当前数字化时代背景下,组织中管理者的数字化领导风格是顺应时代发展的必然之举。

目前,关于数字化领导风格对员工创新行为影响的相关研究仍处于起步阶段,需要进一步探索。在中国情境下,数字化领导风格对员工创新行为的影响机制及作用路径,有待进一步探究。

第二节 研究目的和意义

一 研究目的

本书基于数字化背景下,企业面临数字化转型的现实,提出"数字化领导风格"作为影响员工创新行为的首要因素,总结和提炼出促进员工主动创新行为的影响机制和作用路径,并针对数字化准备对员工数字化创造力的影响、数字化时代平台型领导对员工主动创新行为的影响机制、数字领导力对员工主动创新行为的影响机理进行了实证分析,有针对性提出"数字化领导风格"促进员工主动创新行为的对策建议。总之,本书的研究目的是回答下列问题:①数字化转型背景下,数字化准备对员工数字化创造力是否产生影响?②企业领导数字化支持在数字化准备与员工数字化创造力之间扮演着什么角色?③如何才能提升员工数字素养,增强员工的数字技能和心理适应性,促进数字化创造力的涌现?④数字化时代,平台型领导对团队学习行为涌现有哪些影响?⑤团队学习涌现在平台型领导与员工主动创新行为之间的作用机理是什么?中介抑或其他?⑥什么是创造性自我效能感?创造性自我效能感从个体层面在平台型领导与员工主动创新行为之间起着什么作用?⑦如何更好地构建平台型领导来促进员工的主动创新行为?⑧什么是数字领导力,数字领导力对员工主动创新行为有无显著促进或抑制作用?⑨主动性人格与数字领导力之间的互动和融合对员工主动创新行为有哪些影响?内部人身份认同在数字领导力与员工主动创新行为之间的作用机理是什么?中介还是其他?通过发放问卷,收集整理数据，在实证检验的基础上回答上述研究问题，并针对企业数字化领导风格促进员工主动创新行为，提出相关对策建议。

二 研究意义

数字经济时代，数字化领导风格与员工的主动创新行为之间的关系研究具有重要的意义，本书研究的意义主要体现在以下两个方面。

（一）理论意义

1. 丰富了数字化准备驱动数字化创新过程的相关研究

数字化创新对于企业来说日益重要，但关于数字化准备相关研究主要在信息技术和信息系统领域得到较多学者的关注（Lyytinen et al.，2016）。本书从管理学角度，将该研究范畴延伸到数字化创造力的视域下，基于自我效能理论和组织支持理论，验证了数字化准备在增强员工创新自我效能感的过程中起着重要作用，拓展了数字化准备的研究内容，构建了数字化准备—创新自我效能感—数字化创造力的研究框架，探索了数字化准备下增强创新自我效能感的过程，并进一步分析了创新自我效能感作为中介传导机制下，数字化准备对数字化创造力的影响机制，扩展了自我效能理论在数字技术领域的研究，深化了数字化创造力领域的研究。开拓性地引入高层支持和员工准备交互视角开展数字化创造力研究，提出了领导数字化支持为数字化准备与数字化创造力间的作用机理提供了边界条件，改善了基于动态能力视角等已有研究的不足，交互视角有助于进一步阐明数字化准备对数字化创造力的影响机制，厘清了领导数字化支持发挥调节作用的具体情境，拓展了数字化准备对创新自我效能感和数字化创造力边界条件的相关研究，为在不同领导数字化支持水平的条件下有效使用数字化准备提高员工的创新自我效能感，以提升数字化创造力提供强有力的理论支持。

2. 数字化时代，出现了平台型领导风格

第一，本书的研究结果丰富了领导风格对员工主动创新行为影响机制的研究。以往研究主要基于社会交换理论或者社会信息理论等研究变革型领导、共享型领导、教练型领导、自我牺牲型领导等领导风格对员工创新行为的影响。本书则是基于社会学习理论和社会认知理论视角来探究平台型领导如何通过创造性自我效能感和团队学习涌现的中介作用机制来影响员工的主动创新行为，研究结论不仅印证了领导认知和行为是影响员工创新行为的重要因素之一，还探究了平台型领导风格对员工主动创新行为的跨层次影响机制，进一步拓展了平台型领导的相关研究；另外，本书结果还丰富了关于影响员工主动创新行为的中间作用机制，为未来的相关研究奠定基础。

第二，本书也丰富了创造性自我效能感对员工主动创新行为影响的相关研究。本书基于社会认知理论视角来探讨创造性自我效能感在平台型领导与员工主动创新行为之间的中介作用机制。本书的研究结果不仅印证了学者提出的"领导风格—个体认知—员工行为"机制模型，也证实了创造性自我效能感是员工展现主动创新行为的主要内驱力，在如何激励和管理员工的主动创新行为方面有重要的理论指导意义。

第三，本书基于社会学习理论，假设并检验了团队学习涌现在平台型领导影响员工主动创新行为过程中的跨层次中介作用。该研究的实证结果一方面有助于揭开平台型领导对员工创新行为影响的中间作用机制"黑箱"，在理论上阐述了平台型领导通过哪些中介传导机制更好地促进员工的主动创新行为。本书的研究结果不仅有利于更好地理解本土化情境下，平台型领导影响员工主动新行为的内在动力来源及过程的实质，而且丰富了社会学习理论的相关研究，在如何引导与鼓励员工主动创新行为方面具有重要的理论借鉴。

3. 拓宽了数字领导力的研究范围

目前，学者对数字领导力的概念界定尚未达成一致意见，有关数字领导力的研究多集中于定性研究。现有的定量研究多侧重于西方情境，而中国本土化情境下的数字领导力的实证研究处于起步探索阶段。近年来，学者开始探索诸如变革型领导、共享性领导、平台型领导等新兴领导风格对员工行为的影响。在数字化时代背景下，有关组织行为学术研究的价值日益凸显，而相关实证研究相对较为匮乏。因而，从个体层面研究数字领导力与员工主动创新行为之间的关系也是顺应时代发展趋势。除此之外，已有研究证实了变革型、包容型、道德型等领导风格与员工创新行为之间的积极关系，却鲜有研究从数字化视域下，研究创新自我效能感、内部人身份认知等在揭示数字领导力与员工主动创新行为之间的影响机理及作用路径。鉴于此，基于社会认知理论和沉浸理论，探究了数字领导力与员工主动创新行为之间的影响机理及作用路径，对企业管理者在数字化时代，如何利用数字技术和手中的数字化资源，管理和激发员工的主动创新行为方面有重要的理论指导意义。

（二）现实意义

第一，数字经济时代，企业要想提升员工的数字化创造力，一方面，加大对数字组件、数字平台、数字基础设施等数字技术的引进和建设，调动、整合IT基础资源、IT人力资源以及IT关系资源等的优化配置为员工利用数字技术进行创新活动做好后勤保障。另一方面，注重培养员工数字化和信息化思维，对员工的IT技能及相关数字能力进行培训，鼓励员工之间分享关于数字技术相关的知识、技能和经验，促进思想火花的碰撞，催生产品创新灵感，鼓励员工主动开展数字技术赋能的创新活动。作为企业高层管理者面对数字技术带来的深远影响和改变，应该积极制定数字化战略，投入更多资源在数字化人才的技能、知识和经验等方面的培训，培养更多专家型人才，同时为了吸引和留住数字化人才，应该制定数字化创新的奖励机制。同时，企业高层管理者利用自身或者企业的社会关系网络提高企业对数字信息、人才、技术和资金、政策等外部资源的获取和整合能力，为企业的数字化创新战略提供智力支持（陈庆江等，2021）。

第二，平台型领导作为一种新型的领导风格，有利于改善员工对创新的认知和态度，为员工创新过程中提供引导和积极的心理支撑，激发员工的主动创新行为，实现创新的突破性跨越。因此，对于企业管理者和部门主管来说，为员工打造共同的事业平台，努力将事业平台做大做强，鼓励员工参与到日常管理活动中建言献策、权责共享，为员工提供更多的培训机会，获取更多与工作相关的知识、技能和经验等学习的新机会，相互扶持、共同进步，锤炼他们的专业技能，增强员工的创新心理，挖掘创新潜能，激发员工的主动创新行为（柴富成和程豹，2015）。同时，平台型领导者或者部门主管可以通过给予员工积极的心理支撑和创新资源的支持增强员工面对创新过程中的困难和挫折的信心和抗压性，提升团队成员的创造性自我效能感来激发员工的主动创新行为。此外，作为平台型领导者应该加强对团队学习的关注，营造开放式的学习氛围，不仅鼓励团队内部成员之间的学习交流，还鼓励团队外部之间的学习与交流。树立榜样学习的典范，企业管理者开设分享会不仅要经常积极分享自己的知识、经验和心得，还要奖励优秀的员工分享自己工作中解决问题的经验、技巧和心得，带动全体员工学习的热潮，激发团队的学习热情和主动创新行为。

第三，企业数字领导力的建设任重而道远。需要企业管理者培养数字化思维，掌握数字化信息，对数字技术具有一定的敏感性，在"去中心化"和"去领导化"的数字化情境下，如何强化管理者的数字领导力和数字管理能力、数字变革推动能力、数字协调沟通能力等，对企业管理者也是一个挑战。具备数字领导力的管理者能够激励员工不断创新。随着数字化变革的不断深入，越来越多的企业必将迈入数字化转型升级之路，在数字化情境下对领导理论和行为理论的不断拓展将在未来得到广泛的应用。数字化转型企业重视对管理者数字领导力的提升，提升员工的工作体验，激发员工的主动创新行为；企业管理者营造有利于创新的组织氛围，鼓励员工积极接纳新观点、新思想、新事物，培养员工的数字化思维和数字素养，鼓励员工之间分享信息和新观点，并设置奖励机制鼓励员工利用数字技术从事创新活动，提升数字化情境下的员工创新能力和企业创新绩效，为企业发展注入不竭动力。

第三节　研究内容、方法与技术路线

一　研究内容

本书共分为七章，分别是绪论、理论基础和相关文献综述，领导数字化支持情境下数字化准备对员工数字化创造力的影响研究，数字时代平台型领导对员工主动创新行为的跨层次影响，数字领导力对员工主动创新行为的影响机制；最后，研究结论与对策建议。在第一章绪论中，通过分析本书数字化领导风格的现实背景，概括出现有学者相关议题的研究，进而发现现有文献的研究缺口，并在此基础上提出本书研究问题，阐述研究的理论意义、现实意义以及研究目的。紧接着，概述本书的研究内容、研究方法和技术路线，并提出本书研究创新点和本章小结。

第二章主要关于理论基础的阐述，综述了社会学习理论、社会交换理论、社会认知理论、沉浸理论以及自我决定理论的相关研究文献，阐述了这些理论的溯源与基本内涵以及这些理论在组织管理领域中的应用。这些理论以期为后续研究奠定理论基础。在此基础上，进行本章小结。

第三章相关文献综述，主要阐述平台型领导的内涵、测度及有关平台型领导相关的经验研究；数字领导力的内涵、特点、维度及相关的经验研究等；员工数字化创造力的内涵、测度、影响因素及经验研究；主动创新行为的内涵、维度与测量及相关经验研究等，在此基础上对本章进行了小结。

第四章以领导数字化支持情境下数字化准备对员工数字化创造力的影响研究为研究对象，并揭示创新自我效能感在员工数字化准备与数字化创造力之间的中介机制，以及领导数字化支持在数字化准备与创新自我效能感之间的边界作用条件。通过对 270 份数据分析发现，员工数字化准备对数字化创造力有促进作用；数字化准备通过创新自我效能感的中介机制对数字化创造力有积极的影响；领导数字化支持在员工数字化准备与创新自我效能感之间起着正向调节作用，并进行本章小结。

第五章以数字时代平台型领导对员工主动创新行为的影响为研究对象，通过对 24 个团队 211 人的样本进行实证分析，探讨平台型领导对团队学习涌现、创造性自我效能感和主动创新行为的影响；检验创造性自我效能感在平台型领导与主动创新行为之间是否起着跨层次的中介作用；进一步验证团队学习涌现在平台型领导与主动创新行为之间是否也起着跨层次的中介作用，并进行本章小结。

第六章以数字领导力对员工主动创新行为的影响机制作为考察对象，分析数字领导力对员工主动创新行为是否存在显著的促进作用；探讨创新自我效能感、内部人身份感知在数字领导力与员工主动创新行为之间是否起着中介作用；检验主动性人格在数字领导力与创新自我效能感/内部人身份感知之间是否存在调节作用以及主动性人格被调节的中介作用是否存在。

第七章在研究结论与对策建议中，总结本书各章研究结论，提出相关的对策建议，在总结研究局限基础上提出未来进一步努力的研究方向。

二　研究方法和技术路线

本书遵从"问题界定→文献收集→理论探讨→实证检验→结论提炼→现实启示"的研究思路，研究数字化领导风格的现实背景及其对员工创新行为的影响。综合运用了几种研究方法，具体如下。

（一）文献研究法

本书将运用文献研究法，系统搜索与数字化时代平台型领导、数字领导力、主动创新行为、员工数字化创造力等相关研究文献，在文献评述的基础上，了解得到平台型领导、数字领导力等概念，并对这些概念进行全方位探索，构建数字化领导风格对员工主动创新行为影响的理论框架。

（二）内容分析法

通过对文献的定量分析、统计描述来实现对事实的科学认识。首先，设计能将分析单元的资料内容分解为一系列项目的分析维度。其次，按照分析维度严格抽取有代表性的资料样本（抽取样本），把样本转化成分析类目的数据形式。最后，对数据进行信度检验及统计推论。本书将运用内容分析法，以平台型领导和数字领导力的研究文献为样本，分析和提炼数字化领导风格，为后续的实证研究提供理论支撑。

（三）实证研究法

本书通过文献回顾并运用演绎推理建构出本书的理论框架，但在数字化背景下，数字化准备对员工创新行为的影响不得而知，数字化领导风格对员工主动创新行为还需进一步检验。因而，还要在数据收集和整理的基础上，实证检验数字化领导风格对员工主动创新行为的影响。本书以广泛运用数字技术的企业为研究样本，验证数字化情境下数字化准备对员工数字化创造力的影响、平台型领导以及数字领导力对员工主动创新行为的影响，从而为有针对性地提出促进员工主动创新行为提供理论基础。

（四）问卷调查法

本书量表均来源于国内外主流期刊公开发表的论文。其中，数字领导力、数字化准备、创新自我效能感等变量的量表均来自外文文献，为确保量表的每个题项在中国本土化情境下的适用性，对英文量表通过"回译"方式进行适当修改和完善，以确保量表在中国本土化情境下的适用性。为了保证问卷的信效度，结合研究内容对问卷题项进行了小范围测试，根据回收的样本测试结果对量表进行部分修改，然后进行大规模发放。

（五）统计分析法

对回收问卷进行整理，使用 SPSS25.0 和 Mplus9.0 统计分析软件处理数据，进行验证性因子分析、描述性统计分析、相关性分析，使用多元回归分析进行中介效应、调节效应检验、被调节的中介效应检验等，得出研究结论。

第四节 研究创新点

第一，数字化创新对于企业来说日益重要，但是关于数字化准备相关研究主要在信息技术和信息系统领域得到较多学者的关注（Lyytinen et al.，2016）。当前，关于数字化创造力的研究处于起步阶段，主要是质性研究，定量研究极少。本书在现有的研究基础上，提出数字化准备及领导数字化支持的定量研究，并从管理学角度，将该研究范畴延伸到数字化创造力的视域下，基于社会认知理论和社会学习理论，验证了数字化准备在增强员工创新自我效能感过程中起着重要作用，不仅丰富了数字化创造力的相关研究，还拓展了领导数字化支持以及数字化创新领域的相关研究。

第二，现有的关于平台型领导的文献尚未解决平台型领导是如何影响员工的创新行为尤其是主动创新行为，包括平台型领导如何从个体层次和团队层次来影响员工的主动创新行为的。并且以往研究主要是从组织和个体两个层面研究员工的创新行为，而领导风格被认为组织层面影响员工创新行为的重要因素。本书基于社会认知理论和社会学习理论，创造性地从多层次视角，重点探讨了创造性自我效能感和团队学习涌现在平台型领导与员工主动创新行为之间的中介作用，构建了平台型领导对员工主动创新行为的跨层次影响模型，揭开了平台型领导如何影响员工主动创新行为的过程作用机制"黑箱"。

第三，探讨数字领导力从信息化时代到数字化时代的内涵与特征的演变，并选择合理的测量工具；基于社会认知理论和社会交换理论，从个体的认知、行为、环境的相互作用出发，引入创新自我效能感与内部人身份认知为中介变量，以主动性人格作为调节变量，

第一章 绪论

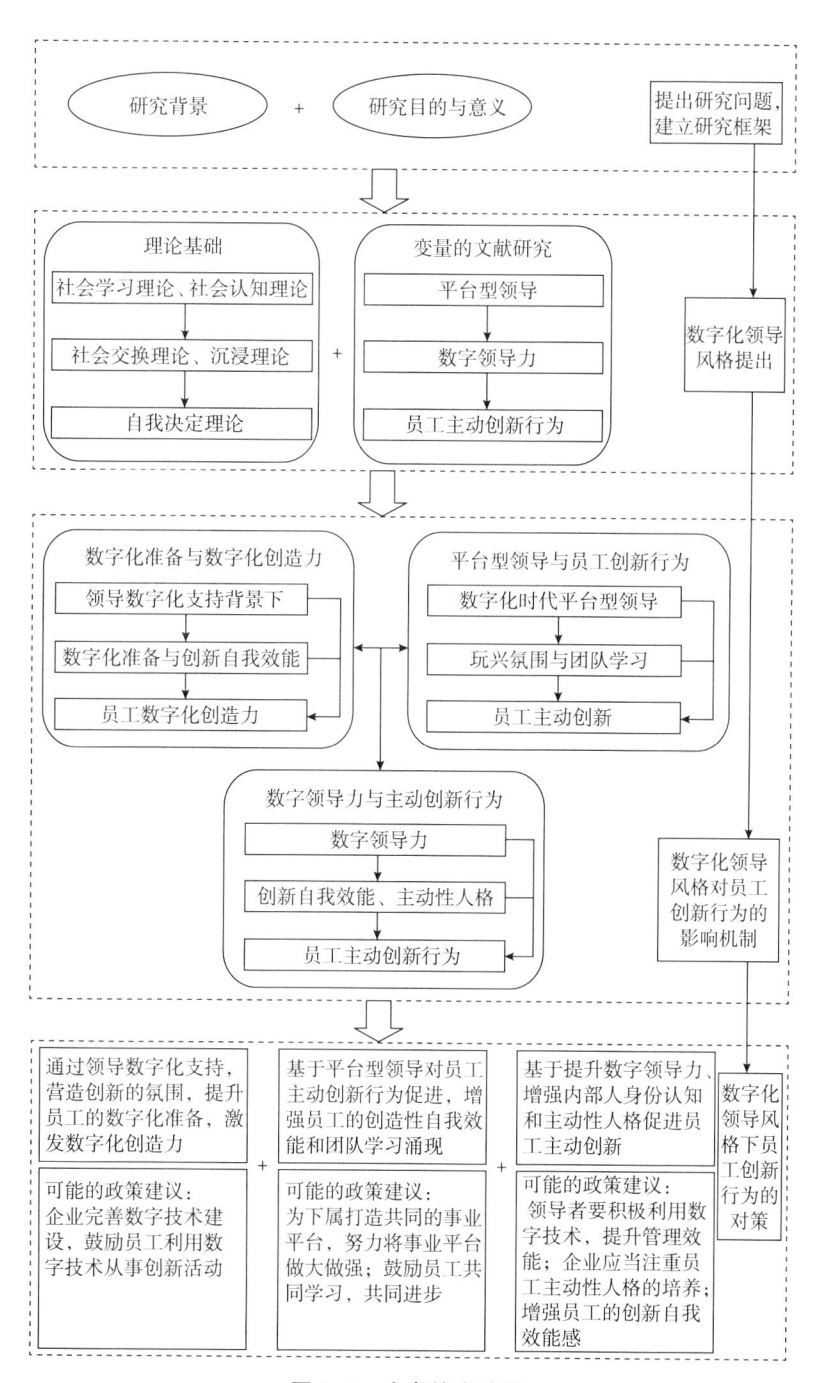

```
┌─────────────────────────────────────────────────────────────┐
│     研究背景    +    研究目的与意义         提出研究问题,    │
│                                             建立研究框架     │
└─────────────────────────────────────────────────────────────┘
                            ↓
┌──────────────────────────────────────────┐  ┌──────────┐
│   理论基础          变量的文献研究        │  │          │
│ ┌──────────────┐  ┌──────────────┐       │  │          │
│ │社会学习理论、 │  │  平台型领导  │       │  │ 数字化领导│
│ │社会认知理论  │  └──────────────┘       │  │ 风格提出  │
│ └──────────────┘  ┌──────────────┐       │  │          │
│ ┌──────────────┐  │  数字领导力  │       │  │          │
│ │社会交换理论、 │+ └──────────────┘       │  │          │
│ │沉浸理论      │  ┌──────────────┐       │  │          │
│ └──────────────┘  │员工主动创新行为│      │  │          │
│ ┌──────────────┐  └──────────────┘       │  │          │
│ │ 自我决定理论 │                          │  │          │
│ └──────────────┘                          │  │          │
└──────────────────────────────────────────┘  └──────────┘
                            ↓
┌──────────────────────┐  ┌──────────────────────┐
│数字化准备与数字化创造力│  │平台型领导与员工创新行为│
│┌────────────────────┐│  │┌────────────────────┐│
││领导数字化支持背景下 ││  ││数字化时代平台型领导 ││
│└────────────────────┘│  │└────────────────────┘│
│┌────────────────────┐│←→│┌────────────────────┐│
││数字化准备与创新自我效能││  ││玩兴氛围与团队学习  ││
│└────────────────────┘│  │└────────────────────┘│
│┌────────────────────┐│  │┌────────────────────┐│
││员工数字化创造力    ││  ││员工主动创新        ││
│└────────────────────┘│  │└────────────────────┘│
└──────────────────────┘  └──────────────────────┘
                  ┌──────────────────────┐   ┌──────────┐
                  │数字领导力与主动创新行为│   │数字化领导│
                  │┌────────────────────┐│   │风格对员工│
                  ││    数字领导力      ││   │创新行为的│
                  │└────────────────────┘│   │影响机制  │
                  │┌────────────────────┐│   │          │
                  ││创新自我效能、主动性人格│   │          │
                  │└────────────────────┘│   │          │
                  │┌────────────────────┐│   │          │
                  ││  员工主动创新行为  ││   │          │
                  │└────────────────────┘│   │          │
                  └──────────────────────┘   └──────────┘
                            ↓
┌──────────────┬──────────────┬──────────────┐  ┌──────────┐
│通过领导数字化 │基于平台型领导 │基于提升数字领 │  │数字化    │
│支持,营造创新 │对员工主动创新 │导力,增强内部 │  │领导风格下│
│的氛围,提升员 │行为促进,增强 │人身份认知和主 │  │员工创新  │
│工的数字化准备,│员工的创造性自 │动性人格促进员 │  │行为的对策│
│激发数字化创造力│我效能和团队学 │工主动创新     │  │          │
│              │习涌现         │              │  │          │
├──────────────┼──────────────┼──────────────┤  │          │
│可能的政策建议:│可能的政策建议:│可能的政策建议:│  │          │
│企业完善数字技 │为下属打造共同 │领导者要积极利 │  │          │
│术建设,鼓励员 │的事业平台,努 │用数字技术,提 │  │          │
│工利用数字技术 │力将事业平台做 │升管理效能;企 │  │          │
│从事创新活动   │大做强;鼓励员 │业应当注重员工 │  │          │
│              │工共同学习,共 │主动性人格的培 │  │          │
│              │同进步         │养;增强员工的 │  │          │
│              │              │创新自我效能感 │  │          │
└──────────────┴──────────────┴──────────────┘  └──────────┘
```

图 1-1 本书技术路线

创造性探究数字领导力对员工主动创新行为的影响机制并进行实证检验；创造性地研究数字化转型背景中数字领导力对员工主动创新行为的影响，探索激发员工主动创新行为的新路径、新方法，丰富了当前领导风格相关研究。

第二章 理论基础

本章为本书的理论基础部分，主要包括五个部分，分别为社会交换理论、社会学习理论、社会认知理论、沉浸理论和自我决定理论。对这些理论基础的回顾有助于把握对本书研究的理论发展脉络和整体研究思路，为后面章节的研究提供理论支持。

第一节 社会交换理论

一 社会交换理论的溯源与主要观点

社会交换理论（Social Exchange Theory）来源于20世纪20年代，在人类学、社会心理学、管理学和组织行为学等领域得到广泛应用，也是揭示员工工作行为内在动机的重要理论。1961年，Homans基于行为心理学研究观点，提出行为主义交换论，认为人与人之间的交换须建立在回报和惩罚的基础上进行。Blau（1964）提出企业老板与员工之间建立的有益且公平的交换关系有利于激发员工积极主动地投入工作，表现更多有效的工作行为。不过，Blau（1964）也指出，雇主与员工之间的交换关系具有的特点与社会交换的过程是相互影响，影响的具体方式尚不明确。在组织行为学和人力资源管理研究领域主要关注的是工作场所员工与上下级或同事之间的社会交换关系。Emerson（1976）提出社会交换理论的主要内容包含一系列能够产生责任与义务的交换行为。在组织行为学研究领域，社会交换规范主要包括互惠规范（Reciprocity Rules）、谈判规范（Negotiated Rules）和其他的一些社会交换规范等。

Edna 和 Uriel（1980）首次提出了以往社会交换理论中尚未涉及的内容，将社会交换资源分为具体和抽象、特殊和一般两个维度进行排序，并将时间作为衡量交换资源的第三个维度，指出不同的资源交换所花费的时间也迥然不同。也有学者将影响互动中双方报酬的因素界视为外源因素，影响代价的因素视为内源因素，在此基础上，基于认知倾向的社会交换理论观点逐渐形成，社会交换理论的研究由行为主义领域延伸到认知心理学范围。在其他学者的研究基础上，Hall（2004）对社会交换理论中的一些重要概念重新进行了概括，指出社会交换理论主要包含交换的规则（Rules and Norms of Exchange）、交换的资源（Resources Exchanged）和塑造的关系（Relationships that Emerge）三个方面内容。

社会交换理论的主要观点：当人们按照既定的社会规范行事时，就会带来诸如情感、信任、感激和经济报酬等所期待的互惠互利；从成本收益角度来看，人际交往中的投入与回报的交换，使人们通过社会交互活动能够实现自身回报的最大化，以及付出成本的最小化。

二 社会交换理论在组织管理领域中的应用

近年来，基于社会交换理论基础，学者在组织管理领域展开诸多的研究。刘小平（2011）基于社会交换理论基础，构建了组织承诺形成的内部机制理论模型，通过研究发现变革型领导对员工的风险认知、组织信任、情感承诺和规范承诺都会产生积极的促进作用，并且组织信任在风险认知与情感承诺，以及风险认知与规范承诺之间扮演着中介角色。文鹏等（2012）依据社会交换理论，通过实证分析结果证实发展导向的绩效评估对员工的社会交换感知具有显著的促进作用，评价导向的绩效评估对员工的经济交换感知也有积极的影响，并且发展导向的绩效评估通过员工感知的社会交换完全中介作用对知识共享行为有积极的促进作用。也有学者以社会交换理论和价值观领导理论为理论基础，构建了CEO变革型领导风格及其价值观对中层管理者的工作绩效和工作满意度的影响理论模型，并对假设进行了实证检验（黄俊等，2015）。

基于社会交换理论，不同类型领导风格对员工行为的影响。彭正龙等（2015）基于社会交换理论，从团队层面构建伦理型领导对团队创造力影响的理论模型，并检验领导—成员交换质量在伦理型领导与团队创造力之间的中介作用。石冠峰等（2017）基于社会交换理论，研究在中国本土化情境下，幽默型领导的类型与员工创造力之间的关系，引入了领导—成员交换作为中介传导机制，并检验了权力距离取向与上下级共事时间的调节作用。陈龙等（2018）依据社会交换理论，构建了一个被调节的中介模型，探究谦逊型领导对员工建言行为的内在影响机制。赵红丹等（2019）基于社会交换理论的广义互惠原则，探究了SRHRM对员工建言行为的影响机制，验证了关系型心理契约的中介效应，以及领导—成员交换在SRHRM与员工建言行为间关系的边界条件。也有学者利用上下级问卷配对，基于社会交换理论基础，检验了员工总体报酬及其各维度对员工任务绩效和创新绩效的影响效果。冯蛟等（2019）基于社会交换理论，研究发现，三种类型的领导者—员工关系对员工创新行为有不同的影响，其中，信任支持型和理性契约型关系均对员工创新行为带来的影响是正向的，而被动执行型关系对员工创新行为带来的影响是负向的。侯曼等（2021）基于社会交换理论，构建了领导授权赋能对员工创新绩效影响的理论模型，王琼等（2021）通过实证研究发现，授权型领导和辱虐型领导通过改变主动性人格与回报动机的关系对越轨行为产生不同的影响。楼旭明等（2021）基于社会交换理论，以"80后""90后"新生代员工作为研究对象，探究了内部人身份感知与创新绩效之间的关系研究。贾建峰和刘志（2021）等立足于本土化企业，基于组织规范视角和社会交换理论，分析了亲和幽默型领导对员工越轨创新行为的影响机制，验证了上下级情感关系在两者之间的中介效应，以及感知的人力资源管理强度在上下级情感关系与越轨创新行为之间的调节作用。

楼鸣等（2021）基于社会交换理论和自我效能理论基础，探究主管支持感对组织公民行为影响的内在机制及其边界作用条件。也有学者从社会交换理论视角，通过因子分析探究个体权力动机的内在结构及特点。高乔子和黄滨（2022）从社会交换理论的视角，探究员工—组织交换、心理授权、企业发展战略与科研创新绩效之间的关系，并分析了组织认同在这些变量之间关系中起着中介和调节作用，其中，研发管理对创新绩效有明显的负向影响。董津津等（2023）也基于社会交换理论揭示了不同类型创新能力冗余和合作关系对企业长短期价值创造的影响机理。而王玲玲等（2023）从社会认知理论的视角，剖析了新创企业如何利用政府支持对商业模式创新产生积极的影响，并识别了影响政府支持作用发挥的具体情境因素。

第二节　社会学习理论

一　社会学习理论溯源与主要观点

社会学习理论（Social Learning Theory）最早通过动物实验基于行为主义视角提出的，认为内驱力、线索和强化是影响社会学习的重要因素。随着社会认知心理学的发展，个体的认知水平和心理结构在个体学习中的重要性引起学者的重视。美国心理学家 Bandura 于1952年从认知心理学视角提出社会学习理论。Bandura 认为，认知水平对行为的发生产生重要的影响，不能单纯从动物实验总结出的观点应用到人类。Bandura 将关于社会学习的观点突破行为主义框架，并从认知和行为整合视角来完善社会学习理论的相关内容。基于认知和行为整合视角，Bandura（1977）探讨个人的认知、行为与环境因素三者及其交互作用对人类行为可能产生的影响，并重点观察学习和自我调节在诱发人的一系列行为中所起的作用。Bandura（1977）提出的社会学习理论不同于行为主义学派和认知心理学派所强调的从直接经验中学习，而是强调信息加工理论和强化理论在社会学习中的综合作用，重视间接经验的示范学习，人们通过在观察、了解和模仿他人的行为中潜移默化影响自己的行为并发生实质性改变。不仅如此，Bandura（1977）还认为，社会学习就是指通过体会、理解和反映社会环境中的行为线索，进而强化相关行为能力的过程。

社会学习理论的主要观点：在社会学习中，并不是所有可观察到的行为都能够被有效地了解和模仿，社会学习效果受到示范者、观察者和学习情境等因素的限制；学习效果受到观察者意愿、能力及外部环境等因素的影响，是个体和环境交换作用的产物；个体学习过程中受到外部强化、替代强化和自我强化等关键因素的影响，能够使人预期其示范行为可能带来的影响，从而影响个体的注意和模仿学习的过程（Bandura，1977；Bandura，1986）。

由此可知，社会学习理论认为通过直接经验模仿和学习虽然很重要，但是通过观察学习他人的行为可以获得知识、技能、态度和价值观等，但并不是所有行为都可以通过观察学习，而观察学习效果受到个体的认知、环境和行为三者的交换作用影响（Bandura，1986）。为了模仿哪些行为可以带来预期积极的结果，人们可以重点观察特定情境下周围人的行为，哪些行为是合理的和被接受的，并对这些观察的行为可能带来的结果作出评估，进而有选择地选择模仿和学习。

二 社会学习理论在组织管理领域的应用

自 Bandura 突破行为主义框架，提出社会学习理论后，该理论在学术界各个领域得到广泛应用。在组织管理领域研究中，学者主要从不同类型领导风格对下属心理、价值观、创新行为等影响展开丰富的研究。

不同领导风格对员工行为的影响。Walumbwa 等（2010）基于社会学习理论，构建了公仆型领导对员工组织公民行为影响的理论模型，验证了公仆型领导对员工组织公民行为有显著的促进作用；Mawritz 等（2012）也从社会学习理论的视角探究了辱虐行为在中高层领导和员工之间自上而下的"涓滴效应"。Liu 等（2012）的研究也证实了基于社会学习理论，团队领导通过观察学习、模仿上级领导的辱虐行为对下级展开这种辱虐行为。Babalola 等（2018）基于社会学习理论，构建了道德型领导对员工冲突解决影响的理论模型，并验证了道德型领导通过员工冲突解决效能感的中介作用对下属冲突解决有积极的影响。Tu 等（2018）基于社会学习理论，探究了领导者向上级领导学习辱虐行为的边界条件，验证了辱虐型领导绩效水平的调节作用，当辱虐型领导的绩效水平较高时，为了晋升，就会引起下级领导者学习和模仿上级领导者的辱虐行为。洪雁等（2011）基于社会学习理论基础，探究伦理型领导对团队成员行为和态度的影响机制和作用机制，结果表明，伦理型领导通过心理安全和伦理氛围对员工的组织公民行为、建言行为和团队成员态度产生积极的影响。范恒和周祖城（2018）也基于社会学习理论，构建了伦理型领导对员工的自主行为影响的跨层次中介理论模型。彭伟等（2017）基于社会学习理论，构建了包容型领导对员工创造力的影响理论模型，研究发现创新自我效能感在包容型领导和员工创造力之间起着中介作用。宋萌等（2015）从社会学习理论视角，引入变量角色示范和领导认同，揭示真诚型领导对员工主观幸福感的影响机制和作用路径；而王智宁等（2019）也在社会学习理论基础上，构建了一个跨层次的理论模型，揭示团队反思、自我管理、道德型领导对员工创新行为的影响机制。而徐世勇等（2019）从社会学习理论和创新成分模型视角，构建了情感型领导对员工创新行为影响的理论模型，验证了情感型领导对员工创新行为有显著的促进作用。此外，李玲等（2022）基于社会交换理论和社会学习理论，本书构建了平台型领导与员工主动创新行为跨层次影响模型。研究结果表明，平台型领导对创造性自我效能感、团队学习涌现和员工主动创新行为具有显著的促进作用,并且创造性自我效能感和团队学习涌现在平台型领导和员工主动创新行为之间发挥着跨层次中介作用。

除此之外,Lieke 等(2016)基于社会学习理论视角,探究了员工之间缺勤行为的传递机制及其影响因素。虽然社会学习理论在各个学术领域得到广泛的应用,但是社会学习理论的应用是有边界和约束的,界定社会学习行为的边界条件更有利于促进社会学习理论框架的进一步完善和发展。赵英男等(2019)也基于社会学习理论视角,构建一个理论模型,探究控制家族本身的适应性特征对家族企业中非家族员工的创新行为影响机制和作用机制。

第三节 社会认知理论

一 社会认知理论溯源及主要观点

社会认知理论(Social Cognition Theory,SCT)最先是由美国心理学家 Bandura 在 20 世纪 70 年代末提出,20 世纪 90 年代这个理论得到飞速发展。Bandura 在传统行为主义人格理论的研究基础上扩展了认知成分,最终形成社会认知理论。Bandura(1986)认为,不仅环境会引发人们的行为后果,行为也能塑造环境,并将这一过程称为"交互决定论"。学者一直以来认为个体行为是由个体本身的内部因素和外部环境因素共同决定的,也即个人决定论和环境决定论。但是 Bandura(1986)在前人研究基础上,批判性地吸取精华,深刻探究个体、环境及其行为之间动态的交互决定关系。个体因素、环境因素和行为因素既相互独立又相互作用,从而产生相互决定的理论实体。社会认知理论的基本出发点是,人类活动是由个体行为、个体认知及其他个体特征、个体所处的外部环境三种因素交互决定的。以上三种因素之间的相互影响既不会同时发生,强度也不尽相同。社会认知理论和社会学习理论都重视个体、环境和行为三者之间的交互作用及其影响。

社会认知理论的主要观点：个体、行为及环境三种要素之间是相互作用、相互影响；具体如下：①个体与行为的交换表明个体思维对其行为有显著的影响。②环境与个体行为的交互说明环境因素不仅影响个体的行为，而且在社会环境的塑造过程中起着极其重要的作用。③个体与环境的交互表明环境因素尤其是社会环境因素对个体意识形态的修正发挥着至关重要的作用。由此可知，基于这一理论出发点，人既是环境的塑造者，也是环境作用的产物。人们可能会在没有及时激励的情况下实施新习得的行为，但是如果不辅以正向强化，人们未来可能就不会继续实施这些行为了（Bandura，1986）。

二 社会认知理论在组织管理领域中的应用

Bandura提出社会学习理论后，该理论在学术界各个领域得到广泛应用。在组织管理领域研究中应用如下。

李志宏等（2010）基于社会认知理论，构建了组织气氛对企业研发人员知识共享行为影响的理论模型，并对文中的假设检验进行验证。顾远东和彭纪生（2011）基于社会认知理论，将自我效能感结合技术创新活动，提出了"技术创新效能感"概念，并从选择过程、思维过程、动机过程和情感过程四个中介机制构建了技术创新效能感的作用机制理论模型。基于社会认知理论，张勇和龙立荣（2013）构建了人—工作匹配、工作不安全感对员工创造力的影响理论模型；潘静洲等（2013）根据社会认知理论，探究了领导者创新性工作表现对下属创造力的影响机制，基于领导—成员交换关系和威权型领导情境因素，探索两者之间的交换作用对下属创造力的影响。王红丽和李建昌（2014）基于社会认知理论，构建了创新情绪、情境信心对用户创新行为影响的理论模型，验证了创新情绪和情境信心对用户的创新行为有积极的影响。

基于社会认知理论的解释框架，汪曲和李燕萍（2017），引入心理学领域"内隐建言信念"，设计了"团队内关系格局—内隐建言信念—沉默行为"的研究框架。结果表明，个体层面的"团队内关系质量"对团队成员的沉默行为有显著的影响，内隐建言行为在团队内关系格局影响成员沉默行为的过程中扮演着中介角色。陈默和梁建（2017）基于社会认知理论的视角，探究高绩效要求与亲组织不道德行为的关系，结果表明，高绩效要求通过道德推脱的中介作用对亲组织不道德行为产生影响，感知的市场竞争和道德认同在高绩效要求和道德推脱之间起着调节作用。马吟秋等（2017）基于社会认知理论视角，构建了辱虐管理对员工反生产行为作用机制的理论模型，结果表明，辱虐管理通过心理契约破裂对员工的反生产行为产生影响，并且自我建构在辱虐管理和心理契约破裂之间起着调节作用，并调节心理契约破裂的中介效应。

苏屹和刘敏（2018）在社会认知理论、社会交换理论和归属理论的基础上，构建了共享型领导对员工进谏行为影响的理论模型，结果表明，共享型领导对员工的进谏行为有显著的促进作用，员工心理安全在共享型领导与员工进谏行为之间扮演中介角色。基于自我决定理论和社会认知理论，黄秋风等（2017）用元分析技术分析了变革型领导对员工创新行为的两种影响机制，包括心理过程机制和创新自我效能过程机制，并验证了外在奖赏在变革型领导与员工创新行为之间起着调节作用。杨晶照等（2018）基于社会认知理论视角，提出创新动机感染概念，分析领导—成员创新动机感染过程，找出其中的线索和影响因素，构建了领导者与员工之间的创新动机感染理论模型。苏伟琳和林新奇（2019）基于社会交换理论和社会认知理论视角，构建了上级发展性反馈对员工建言行为的双路径影响理论模型，验证了领导—成员交换和建言效能感在上级发展性反馈与员工建言行为间发挥着中介效用。

吕霄等（2020）基于社会认知理论，构建了内在职业目标与个性化交易及对员工创新行为影响的理论模型，研究结果表明，内在职业目标通过个性化交易对员工创新行为产生影响，创新自我效能感在个性化交易与员工创新行为之间起着中介作用。李育辉等（2020）基于社会认知理论框架，利用单案例研究法，从个体、团队、组织及社会四个层面构建了国企内部人员转化为职业经理人的理论模型。陈慧等（2023）基于社会认知理论，构建了授权领导与员工主动行为之间的关系模型，结果表明，授权领导对员工的主动行为有积极的影响，授权领导通过内部人身份感知的中介作用对员工的主动行为产生影响，该中介作用受到员工能力的调节。

第四节　沉浸理论

一　沉浸理论的溯源与基本观点

沉浸理论（Flow Theory）也称心流理论最先由美国心理学家 Csikszentmihalyi 于 1975 年提出，认为人在从事自己感兴趣的事情时，会经历一种特殊的过程，通常会沉迷其中，无法自拔，甚至废寝忘食，这种极致的持续心理体验不仅能愉快地做事，还能取得意想不到的结果，因此 Csikszentmihalyi 将这种奇特的体验称为心流。一些爬山运动员、画家等在从事自己感兴趣的活动时，会沉浸在自己的世界中，Csikszentmihalyi（1977）解释了这种状态"此时，个人已经完全陷入他们的活动中，注意力高度集中，摒弃所有与眼前不相关的知觉与想法，不会被周围的环境影响，甚至丧失自我意识"，这种状态被称为"沉浸"，在此基础上提出了沉浸理论（也叫心流理论）。这一理论的提出，引起了诸多学者的浓厚兴趣，Csikszentmihalyi 也对沉浸理论进行不断完善与修正。1980 年，Csikszentmihalyi 提出当个体挑战具有高难度、较高技能要求时，个体会享受这个时刻，并且通过学习新技能来提高自身的技能和自信，并沉浸其中，无法自拔，享受其中的乐趣，这种最佳状态称为"沉浸"。接着 1988 年，Csikszentmihalyi 提出沉浸包含技能与挑战的平衡，1990 年将沉浸的状态描述为个体可以控制自身行动、掌握自身的命运，身心感到愉悦，并深深享受这种感觉。随后，在各种各样的运动中沉浸式体验引起广大学者的关注，例如，运动、工作、爱好、读书、绘画等。直到1996年，Hoffman和Novak对网络导航中出现的沉浸状态给予解释，是机器交互的一系列的无缝衔接的反应，给人身心愉悦、沉浸其中，伴随忘我和自我激励的一种状态。

Csikszentmihalyi提出的沉浸理论的主要观点：沉浸理论是用来描述人们在日常活动（如工作、运动和艺术表演）中所拥有的一种极好的感觉或"绝佳的体验"。Csikszentmihalyi认为沉浸是当人们集中注意力投入某件事情时，就会全神贯注，甚至达到忘我的状态。Csikszentmihalyi指出，达到沉浸状态的三个基本条件：①每个人在工作、运动或专注于某件事时，要有清晰的目标与职责。②该种状态或行为能够及时得到反馈结果，及时的反馈能够帮助人们获取有效的信息，纠正当前的错误，取得目标胜利。③个人技能与挑战的平衡，当人们专注于某件事时，个人能力与事项的挑战性相匹配时，就会激发个人的求胜心理。

二 沉浸理论在组织与管理中的应用

自Csikszentmihalyi于1975年提出沉浸理论以来，引发了学者的广泛兴趣，尤其在组织与管理领域也取得了一系列的研究成果。

Koufaris（2002）基于沉浸理论视角，探究在线消费者的购物行为，结果表明，在线消费者并不是纯粹的功利主义者只注重购物的效率、网络购物的环境，以及所具有的娱乐性给在线消费者带来极大的满足感，他们会出现再次购买行为。Animesh和Alain（2011）基于沉浸视角，研究了虚拟世界中的技术环境和空间环境带来的极致体验和满足。马颖峰和隋志华（2010）基于沉浸理论视角，分析了"挑战—技能"平衡关系，以及游戏中学生玩家技能的构成要素，指出了为了达到所有学生在游戏中获益的目标，需要适当动态地调控游戏活动难度。

魏守波和程岩（2012）基于沉浸理论视角，探究了在线环境下虚拟氛围的各种要素对消费者冲动购买的影响机制；张嵩等

（2013）从沉浸理论和信任承诺理论视角，基于行为忠诚和情感忠诚两个维度构建了社会化网络服务（SNS）用户理想忠诚的理论研究模型，王菁和李妍星（2015）基于沉浸理论，沿着"认知—沉浸—反应"路径，探究在线顾客体验的形成机理及作用机制。

基于沉浸理论视角，刘燕等（2016）构建了交互速度等6个维度与旅游消费者在线体验关系的理论模型。以沉浸理论为基础，薛杨和许正良（2016）剖析了微信营销环境下用户信息行为的影响因素，基于"刺激—机体—反应"范式，构建了微信营销环境下用户信息行为的理论模型。喻昕和许正良（2017）基于沉浸理论和"刺激—机体—反应"模型范式，构建了网络直播平台中弹幕用户信息参与行为的理论模型，探究弹幕用户信息参与行为的影响因素。

基于沉浸理论和技术接受模型理论视角，段菲菲等（2017）构建了手机用户黏性影响机制研究，结果表明，沉浸体验对手机游戏用户黏性有重要的影响，互动性、远程感知、实用性和感知控制力对心流体验有显著的促进作用。

朱珂（2018）基于沉浸理论视角，从学生的内部动机来探讨网络学习空间中协同学习的触发机制，结果表明，沉浸体验的产生对协同学习的过程和结果产生显著的影响，可以有效触发学生的主动参与意愿。徐娟等（2018）指出，信息系统领域关于沉浸的研究主要集中在沉浸理论的量度指标、影响因素、对用户使用与购买行为的影响、对用户使用信息系统绩效的影响以及沉浸引发的互联网问题性使用五个方面。

基于沉浸体验理论视角，许鹏（2022）构建了旅游品牌价值与游客满意度的关系模型，结果表明，旅游服务价值、旅游设施价值和旅游环境价值通过沉浸体验对顾客满意度有显著的影响，其中品牌承诺和品牌信任在沉浸体验和顾客满意度之间起着调节作用。熊立等（2023）基于沉浸理论视角，构建了平台型领导赋能知识型员工适应性成长的过程理论模型。

第五节 自我决定理论

一 自我决定理论的溯源与基本观点

自我决定理论源于 20 世纪 80 年代，在认知评价理论（Cognitive Evaluation Theory）基础上演化而来。1985 年，Ryan 和 Deci 第一次发表有关自我决定理论的论文，提出了"内化"概念，并阐明了外部动机中的自主性。整合了认知评价理论、因果定向理论（Causality Orientation Theory）、心理需求理论（Basic Psychological Needs Theory）、目标内容理论（Goal Contents Theory）等多种理论，形成自我决定理论。自我决定理论从自主性的视角对动机进行了区分，在组织与管理领域广泛用于解释动机的产生、转化与影响等。

自我决定理论的主要观点：人具有与生俱来的成长倾向和内在动机，内在动机和幸福需要满足能力、自主性和相关性三种心理需要（Ryan and Deci, 2000）。要想使个体感知到幸福，通过基本需求的满足可以促进外部因素的内化，使外部动机转化为内部动机，进而提升个体的行为表现，提升个人的幸福感知（Ryan and Deci, 2000）。Ryan 和 Deci（2000）在认知评价理论提出的自主性与胜任需求的基础上，又加入了基于人际关系维度的关系需求。不仅如此，自我决定理论还区分了内在动机和外在动机行为，内在动机行为不仅是因为它天生具有刺激性或愉悦性（Ryan and Deci, 2000），而且与内在心理过程如自我实现和成就等紧密相连。当个体认同外部动机的价值、态度或结构，并将其与内在自我进行整合时，这种外部动机具有内在动机的自主性。外部动机转化为内部动机的过程被称为"内化"（Internalization）。自我决定理论是一种有机动机理论，不仅区分动机的数量，还将动机分为内在动机和外在动机两种类型，从受控到自主性（Ryan and Deci, 2000）。

二 自我决定理论在组织与管理中应用

自 1985 年提出自我决定理论以来，在组织与管理领域引起学者的广泛兴趣，取得了一系列的研究成果。学者通过研究发现动机主要影响个体对领导的信任、对领导的认可、组织承诺、心理健康、创造力等（Deci et al., 1999；Gagné and Koestner, 2002；Deci and Ryan, 2008；Ren et al., 2017）。

Illardi 等（1993）基于自我决定理论，通过研究发现当员工认为自己的工作能够给他们带来自主性、能力和相关性时，工作满意度最高；基于自我决定理论的视角，Deci 等（1999）探究自我决定的管理取向对员工满意度的影响机制，结果表明，自我决定的管理取向对员工的工作满意度，随着工作气氛尤其是薪酬和安全度的提高而提高。Vansteenkiste 等（2007）的研究表明，与其他员工相比，员工经过提升内在动机与外在动机的工作环境对工作和生活的满意度会更高。Deci 等（1999）通过研究发现，管理中的自主性支持对员工的工作满意度有积极的影响。Bono 和 Judge（2003）基于自我决定理论，研究领导风格与员工工作满意度之间的关系，结果表明，提升自主性目标的领导类型风格如变革型领导等能有效提升员工的工作满意度。

基于自我决定理论的视角，Greguras 和 Diefendorff（2010）通过研究发现，积极主动的个性、自主导向更容易获得需求的满足，进而提升员工的生活满意度、工作绩效及组织公民行为；不仅如此，企业管理者的自主支持不仅带来员工的心理满足感，还能提高员工的工作满意度。Kovjanic 等（2012）基于自我决定理论，通过研究发现，变革型领导通过满足员工基本心理需求的中介作用，对员工的工作满意度、职能自我效能感和对领导的承诺起着积极的影响。根据自我决定理论可知，当员工为了自己的真正兴趣和选择而不是外部压力去选择工作时，就会产生自主性的工作动机（Wang et al., 2021），这些灵活自主的工作方式不仅有利于增强员工的工作自主性，还会提升员工的自主感。

根据自我决定理论,当员工出于真正的兴趣和选择并非为了应对外部压力而努力工作时,自主的工作动机就产生了(Wang et al.,2021)。员工提供灵活的工作行程、自主选择完成工作的方式,可能会增加员工的自主感(Morgeson et al.,2010)。基于自我决定理论的视角,刘玉新等(2011)构建了组织公正对反生产行为(CWB)的影响及其作用机制理论模型;门一等(2015)基于自我决定理论视角,探究了环境变化的情境因素对员工即时主导心理需求满足所带来的影响,并验证了个体内在因果导向在环境变化与员工个体即兴行为之间所起的调节作用。以自我决定理论为基础,林志扬和赵靖宇(2016)构建了真实型领导对员工承担责任行为影响的理论模型,并验证了员工内化动机在两者之间的中介作用,以及员工人际敏感特质的调节作用。宋琦等(2016)基于自我决定理论,构建了午休自主权对员工创新绩效影响的理论模型,验证了午休自主权对员工创新绩效的积极影响;王忠军等(2016)基于自我决定理论视角,考察了不同目的的绩效考核导向对创新行为影响的作用机理。

宣燚斐等(2018)基于自我决定理论的视角,构建了职业成长机会对员工工作投入影响的理论模型,并引入了工作动机作为中介效应,传统性作为调节效应。李春玲等(2019)基于自我决定理论,构建创新奖励对创新行为的影响理论模型,自我决定与特质激活理论整合视角,构建了不同激励偏好下创新奖励对研发人员创新行为影响的理论模型,结果表明,创新奖励对研发人员的创新行为有积极的影响,创新自我效能感在创新奖励和创新行为之间起着部分中介作用,内激励偏好和外激励偏好在创新自我效能感与创新行为之间起着调节作用。王宏蕾和孙健敏(2017)基于自我决定理论视角构建了高绩效工作系统与创新行为之间关系的理论模型,并检验了在其中的调节效应。史珈铭等(2018)基于自我决定理论的视角,构建了精神型领导影响员工的职业呼唤的理论模型,并检验员工权力距离倾向在文中的调节作用。方慧等(2018)基于自我决定理论,探究了服务型领导通过影响员工的自主、自助和归属等心理需要满足来提升新生代员工幸福感。张春虎（2019）基于自我决定理论发现自主性支持的工作环境通过员工基本心理满足和自主性工作动机对员工的工作行为、态度和心理健康产生积极的影响。吴郁雯等（2019）也基于自我决定理论，探究了目标设定参与对工作繁荣影响的理论模型。徐本华等（2021）基于自我决定理论，构建领导—成员交换对员工主动创新行为的一个被中介的调节模型，证实领导—成员交换对员工主动创新行为有积极的影响。

陈璐等（2021）基于自我决定理论和情景力量理论，构建以建言为中介变量的工作激情影响变革发起行为的双中介模型，探究自恋型领导的跨层次调节效应。邓志华等（2021）以自我决定理论为理论框架，通过研究发现精神型领导对员工工匠精神有积极的影响，并且自主需求、胜任需求和关系需求的满足在两者之间起着中介作用。梁亮等（2021）基于自我决定理论及授权相关研究，通过案例研究，剖析数字化背景下促进员工自主落实建言内容的实现路径。郭功星和程豹（2021）以自我决定理论为基础，构建了顾客授权行为对一线服务员工职业成长影响的理论模型，检验了组织自尊的中介效应及职业中心性的调节效应。刘智强等（2021）基于自我决定理论，构建了跨层次调节集体心理所有权与团队成员创造力关系的理论模型。严鸣等（2022）基于自我决定理论，构建了道德型领导与员工主动行为和创新行为的关系模型，结果表明，道德型领导有利于满足员工的基本心理需求，涌现更多的主动性行为和创新行为。

基于自我决定理论，吴磊等（2022）探究了远程办公程度对员工自我领导的影响，结果表明，员工时间管理能力的提升有利于激发员工的工作自主动机。林新奇等（2022）基于自我决定理论，揭示交易型领导、伦理型领导、变革型领导、服务型领导、领导—成员交换、授权型领导、包容型领导及真实型领导与员工创新行为影响的差异。葛淳棉等（2022）基于自我决定理论，通过研究发现，实施强制分布评价制度对员工个体创新绩效有负面的影响。贾建锋等（2020）基于自我决定理论，构建了伦理型领导与员工主动性行为关系间的理论模型，及其两者之间的边界作用条件。

第六节　本章小结

本章首先论述了相关研究理论基础，对社会学习理论的起源、现实背景、基本内涵等做了详细的阐述，并阐述了社会学习理论在组织与管理领域学者取得的一系列研究成果。对社会交换理论的渊源、发展脉络、基本内涵做了详细的阐述，并阐述了基于社会交换理论，组织与管理领域学者展开了一系列的研究。对社会认知理论的起源与演化展开详细的阐述，学者基于社会认知理论在组织与管理领域开展了不同类型领导风格对员工工作满意度、创新行为等展开研究；阐述了沉浸理论的演化及由来，Csikszentmihalyi 于 1975 年提出后，引起学者极大的兴趣，并在组织与管理领域开展了一系列研究，取得了丰硕的成果；自我决定理论是从认知评价理论演化而来的，在组织与管理领域，学者基于自我决定理论，研究动机对员工的工作投入、工作满意度、创新行为等影响展开详细的阐述。

第三章 相关文献综述

第一节 平台型领导

一 平台型领导的内涵

21世纪,随着信息化和"互联网+"时代的到来,在云计算、大数据、物联网等技术支撑下,人类社会由工业经济时代向平台经济时代过渡。平台经济时代,组织环境变得更加动荡,充满不确定性,原有的僵化的组织结构已经不符合平台化、虚拟化、扁平化的组织形式要求。企业现有的领导风格已经不适应时代发展的要求,郝旭光(2014)提出了平台型领导,该领导风格强调领导与员工互相成全、彼此扶持、共同成长,领导和员工能够将平台做大做强,借助平台不断实现自我成长,上下级与平台一起成长,形成一个良性互动的过程。现有的僵化组织结构不符合企业发展的时代要求,平台型领导强调组织的"去中心化"和"去领导化",重视领导与员工之间的平等与共享关系,领导者将平台看作自己和员工共同的事业,帮助员工一起成长,通过将事业做大做强,提高平台的质量和层次,激发自身和员工的潜能,调动员工的工作积极性,带领自己和员工为实现共同的目标而努力的一种领导风格(郝旭光,2016)。

"去中心化"和"去领导化"组织变化趋势要求企业重视组织结构的变革和领导风格的情景化转变（郝旭光，2014）。在企业所面临的瞬息万变的外部环境，以及知识型员工崛起的时代背景下，出现了平台型领导风格。该领导风格的主要特点是通过搭建领导与员工之间共同的事业平台，实现领导与员工之间的平等交流、彼此成全，共同进步，最终将事业平台越做越大，领导与员工实现共赢局面。

平台型领导不仅指出领导者要自上而下激发下属潜能，还要为下属搭建共同的事业平台，不断做大做强共同事业平台，与员工进行有效的沟通、交流和互动，关注员工的发展，通过不断学习和鼓励，实现上下级共同成长（郝旭光等，2021）。平台型领导与其他类型领导不同之处在于，同时关注领导者和员工的利益，将平台看作领导者和员工共同平台，强调领导者和员工的平等，通过"平台打造"和"平台优化"激发领导者和员工的潜能，调动他们的积极性，实现彼此成全，共同成长（郝旭光，2021）。

二 平台型领导的测度

目前对平台型领导研究还处于起步阶段。关于平台型领导的测量，主要有郝旭光等（2021）提出了构造平台型领导的测量体系，基于扎根理论方法开发出以"包容""个人魅力""变革规划""平台搭建""平台优化""共同成长"为中心范畴的平台型领导测量模型，以探索性因素分析验证了这6个维度的内容效度，开发出如"我的领导鼓励下属在解决问题时不断寻求新的思路和方法""我的领导不断学习先进的专业知识和领导技能"等25个题项的平台型领导量表，问卷采用Likert 5点量表，1 = "非常不同意"，5 = "非常同意"。并利用开发出的平台型领导量表，通过实证检验进一步证实了平台型领导对于员工创新工作行为的积极促进作用。

辛杰等（2020）在文献内容分析基础上，对6位管理学领域专家和21位企业管理者进行结构化访谈，经过质性研究过程归纳38

个题项，通过信度和效度检验，最终经过删减和修改，开发出包括分享利他、交互协作、孵化创客、度己化人、赋能平5个维度，如"我的领导通过打造平台为他人分名分利""我的领导具备利他思想，帮助和成就别人"等22个题项，构建平台型领导量表，问卷采用Likert 5点量表，1="非常不同意"，5="非常同意"。

三 平台型领导的经验研究

平台型领导作为近年来出现的一种新型领导风格，最先由郝旭光提出，随后引起其他学者的广泛兴趣，开展了一系列研究。

郝旭光等（2021）基于扎根理论方法开发出以"包容""个人魅力""变革规划""平台搭建""平台优化""共同成长"6个维度，共25个题项衡量平台型领导的量表，并进一步证实了平台型领导对员工创新行为有显著的促进作用；辛杰等（2020）在文献内容分析基础上，开发出22个题项来衡量平台型领导的量表。

王志立（2019）研究指出，平台型领导与其他领导风格区别在于，平台型领导强调领导与员工共同成长，努力把事业做大做强，为自己和员工提供更广阔的平台，一起成长，共同进步。安世民等（2022）基于互惠原则及社会交换理论视角，构建了平台型领导对个体角色绩效影响的理论模型，证实了平台型领导通过个性化交易和心理资本，对员工个体角色绩效的提高有显著的提升作用。基于自我决定理论，马璐等（2022）构建了优势使用对员工创新行为影响的理论模型，证实了平台型领导在优势使用和员工和谐式激情之间起着调节作用，还调节着优势使用通过和谐式激情影响员工创新行为的中介效应。曹元坤等（2022）基于社会学习理论，通过研究发现，平台型领导对员工责任式创新有积极影响，真实型追随在平台型领导与员工责任式创新之间发挥着中介作用。基于资源保存理论视角，刘俊等（2022）构建了平台型领导与员工内部创业的关系理论模型，结果表明，平台型领导对员工内部创业有显著的促进作用；李玲等（2022）基于社会交换理论和社会学习理论，构建了平台型领导与员工的主动创新行为跨层次影响模型，结果表明，平台型领导对团队学习涌现、创造性自我效能感和主动创新行为具有显著的正向促进作用，团队学习涌现在平台型领导与主动创新行为之间也起着跨层次的中介作用。

蒋兵等（2022）基于自我一致性理论、自我决定理论等，构建了平台型领导对员工越轨创新行为影响的理论模型，证实了平台型领导对员工越轨创新行为有显著的促进作用，独立型自我建构和工作重塑在平台型领导与越轨创新之间扮演着中介角色，以及起到差错管理氛围的调节作用。朱永跃等（2023）构建了平台型领导对员工越轨创新行为影响的理论模型，责任知觉在平台型领导与越轨创新之间起着中介作用，团队绩效动机氛围和团队精熟动机氛围在两者之间起着调节作用。王炳成和郝兴霖（2023）基于领导—成员交换理论和知识分散理论，构建了平台型领导通过创新者工作场所感恩和知识共享作用于商业模式创新的链式中介模型，结果表明，平台型领导对商业模式创新有显著的正向作用。马增林等（2023）基于社会信息加工理论，构建了数字信息环境下平台型领导对员工主动变革行为的激发路径模型，通过研究证实平台型领导对员工主动变革行为有积极的影响，平台型领导通过组织支持感的中介，对员工主动变革行为起着积极的促进作用，传统性和价值观匹配发挥着调节作用。

第二节　数字领导力

一　数字领导力的内涵

为了探索先进的信息技术如何影响企业经营环境和管理活动，Avolio（2003）提出了"E-Leadership"的概念，国内学者将其译为"信息化领导"、"电子领导力"和"数字领导力"，以深入探讨其中的新变化。随着信息技术向数字技术的升级应用，"E-Leadership"逐渐演化为"Digital Leadership"。本书重在研究当前数字化转型背景下先进的数字技术对领导力的影响,因而将其译为数字领导力。以往研究分别从领导者对先进信息技术/数字技术的管理和领导者对个体/组织的管理等视角探讨数字领导力,因而关于数字领导力的概念和基本理论并未形成统一观点。从领导者对先进信息技术/数字技术的管理的研究视角来看,数字领导力是领导力与数字技术交互作用的结果;从领导者对个体/组织的管理的研究视角来看,数字领导力是领导者以数字技术为媒介对追随者和组织产生影响的能力。代表性的概念阐释如表3-1所示。

表3-1 数字领导力的概念

侧重点	研究者	定义
强调数字领导力的产生和发展过程	Avolio 等（2003）	数字领导力是借助先进信息技术,在态度、情感、思想、行为和组织方面带来变化的社会影响过程
	霍国庆（2008）	数字领导力是领导者在信息化时代吸引和影响追随者利益相关者并持续实现群体或组织目标的一种领导风格
	Avolio 等（2014）	数字领导力是一种嵌入近端和远端环境中的社会影响过程,由 AIT 介导,可在态度、情感、思维、行为和表现上产生变化
	Sawy 等（2020）	数字领导力是领导者在公司及其商业生态系统的数字化战略成功过程中做正确的事情
强调数字领导力是适应先进信息技术/数字技术发展而产生的领导风格	Burke（2003）	数字领导力是一种整合信息技术与管理过程,促进人们快速吸收和利用信息技术的能力
	刘追（2015）	数字领导力是知识经济时代,领导者以信息技术为媒介,整合资源,激励、影响员工不断实现个人目标和组织目标的能力
	Temelkova（2019）	数字领导力是领导者为数字化过程创建清晰而有意义的愿景的能力,以及执行战略以实现这一愿景的能力

续表

侧重点	研究者	定义
强调数字领导力是适应先进信息技术/数字技术发展而产生的领导风格	Balci 等（2022）	数字领导力是领导者在数字领域具有新的和创造性想法，可以在组织流程和活动的背景下吸引利益相关者对数字环境的注意，激励他们，通过与数字领域的成员保持联系来保持组织的连续性，并制定可以为组织提供竞争优势的数字战略

由表 3-1 可知，诸多学者从不同角度界定数字领导力，虽然关于数字领导力的概念尚未达成一致意见，但都是在领导者、追随者，以及环境之间的"互动"与"影响"的框架下作出的定义。结合现有的研究，本书关于数字领导力的定义和界定具有以下特征：①领导者利用数字技术（如云计算、大数据、3D 打印、新媒体等）对个体和组织产生影响。②通过数字技术的使用，顺应外部环境的变化，以实现特定战略目标。所以，结合当前企业数字化转型需求和时代发展需求，本书借鉴刘追和闫舒迪（2015）对数字领导力的概念界定：数字领导力是数字化时代，领导者以数字技术作为媒介，整合资源，激励、影响员工不断实现个人目标和组织目标的一种新型领导风格。

二 数字领导力的特点

早期关于数字领导力的研究主要是质性研究，从特质和行为两个视角出发，相较于传统领导风格，归纳出数字领导力的特点。

从行为的视角出发，Avolio（2003）通过定义数字领导力、探索数字领导力如何影响员工、团队和组织，讨论了数字领导力与传统领导力的差异与联系。数字领导力的目的与传统领导力相同，即利用组织成员之间的关系，并加强这一关系。区别是数字领导力产生于数字技术广泛应用的数字环境中。在这种数字化背景下，领导者与员工的沟通通过数字技术进行，组织对所需信息的收集和传播也以此进行。并且，以数字技术为媒介的领导力可以展现出与传统面对面的领导完全相同的内容和风格，尤其是虚拟互动变得更加直接、便捷和及时。主要区别可能在于"感受领导者的存在"的含义及其影响范围、个人能力和对领导者沟通的感知。Avolio（2003）指出，数字化的领导风格不仅仅是传统领导风格的延伸，更是组织内部和组织之间领导者和员工相互联系方式的根本改变。

Mohammad（2009）认为，先进信息技术通过改变行业边界、竞争机制，以及创造新的商业机会等方面创造竞争优势，从而造就全新的数字化环境，为传统领导力发展为数字领导力提供了条件。数字领导力区别于传统领导力的显著特征是领导者与员工之间的全新交互模式，同时在态度、知识、技能，以及个人经验上也存在一定的区别。具有数字领导力的领导者既不是"技术大师"，也不是"商业奇才"，而是了解数字技术、关注数字技术、鼓励和支持有效地利用数字技术并了解组织的业务走向的领导者。

Asbari（2020）认为数字领导力和传统领导力区别在于以下三个特征：①在数字领导者的沟通方式方面，领导者使用数字化媒体与员工或其他部门进行沟通，社交网络如 Line、Facebook、Instagram、Twitter 等，都可以作为领导者对内和对外沟通的媒介。②数字领导力要求领导者具备思考合作的能力，不受时间、空间和文化的限制，在这些限制下，监督和面对面的互动是不必要的。通过数字技术的沟通使领导者有能力、有效地和许多员工进行沟通。③数字领导力要求领导者能够有效地监控和管理员工在线工作和移动办公。这是为了确保员工是否正确地履行职责，以及员工是否理解公司给出的指示，并确保所设定的目标能够实现。数字领导力要求领导者能够快速、及时响应员工的诉求。不仅如此，数字领导力要求领导者还能适应不断变化的数字环境。

从特质的视角出发，Kerfoot（2010）指出，数字领导力和传统领导力均面临相同的挑战，但数字领导力主要的问题是没有直接的互动和监督。因此，数字领导力要求领导者发展新的技能来跨越数字环境的障碍。与传统领导力所需的基本技能，如团结和激励他人朝着共同目标前进所需要的沟通技能等在数字领导力中仍然重要，而响应能力、警惕性、学习和再学习的意愿、冒险意识、远见和利他主义等也是数字领导力区别于传统领导力的重要方面。Dasgupta（2011）总结了数字领导力应具备的一些新技能，包括更强的沟通技能、强大的社交网络技能、全球多元文化心态、对员工的心理状态更敏感等。Toduk 和 Gande（2016）认为，拥有数字领导力的领导者具有显著的特征，如创造力、知识深度、较强的网络和协作能力以及对企业愿景的忠诚拥护。

上述研究多是以 Avolio 等（2003）提出的以先进信息技术（AIT）为媒介的电子领导力为基础，随着时代的发展，有学者提出，目前理想的领导风格是顺应"工业 4.0"要求的领导风格。学者在数字领导力的最新研究中更多地强调与"工业 4.0"息息相关的先进数字技术和数字能力的作用。Hensellek（2020）指出，具备数字领导力的领导者应该能够阐明数字未来（数字愿景）的有意义的战略愿景，并且具有适当的态度（数字思维）和必要的技能（数字技能），以便在公司中成功实现愿景（数字实现）。他认为数字领导力要求领导者必须同时满足所有三个要求（拥有数字思维和数字技能，并实现数字愿景）。Klein（2020）的研究也支持了这一看法，他从数字业务、社会态度和通用心智三个角度概括了数字领导力的特点，其中，数字业务方面包括创新的远见卓识、网络智力、数字智力、数字伯乐、商务智力、复杂性大师和双元性的特征；社会态度方面包括激励教练、榜样、民主代表、员工导向、社交智力、开放、多样化冠军和道德的特征；通用心智方面包括适应性、敏捷性、从错误中学习、果断、有创造力、自我意识、知识导向和终身学习的特征。Petry（2018）在其以往的研究基础上提出了由网络、开放性、参与性、敏捷性和信任五大特征组成的 NOPA+数字领导力模型，认为该类型领导需要在信任的基础上更具网络化、开放性、参与性和敏捷性，并且具备高效业务执行和敏捷业务适应的双元能力。

上述关于数字领导力的早期研究多是从领导者与员工的交互角度与传统领导进行比较，忽视了数字领导力与组织的交互作用。Belitski

和 Liversage（2019）认为，数字领导力是组织运营和战略的基本组成部分，符合信息系统战略业务和信息技术的一致性。因此，从某种程度上说，对数字领导力的研究不仅仅是关注领导者如何使用技术，更是涉及决策制定，与跨学科员工、供应商和客户在数字空间中进行互动。Temelkova（2020）在数字领导力的特质研究的基础上进一步指出，数字领导力要求领导者在虚拟空间中统一、完整、系统地运行，分析特定情况，建立和协调人、部门、组织之间的关系，规划和发展愿景，管理变化，增加价值。

三　数字领导力的相关研究

（一）数字领导力的维度

汤伟娜等（2017）深入探讨了数字领导力对个体态度和行为的影响，在 Politis 等（2014）研究的基础上编制了数字领导力的测量量表，用信息技术应用、组织协调、无边界沟通、任务推行、反馈激励 5 个维度描述数字领导力，并证实数字领导力对员工工作满意度的积极影响。刘追等（2018）以数字化素养、数字化沟通、数字化激励和数字化推行 4 个维度衡量数字领导力，并证实了数字领导力对员工敬业度的正向影响，以一个全新的构念和视角构建并揭示了信息化情境中员工敬业度的发生机制。段柯（2020）提出数字化时代的领导力可归纳为正念变革能力、专业业务能力、环境认知能力、互动共鸣能力四个方面的核心能力。温晗秋子（2021）提出数字化领导力由 4 个维度构成，包括数字科技学习力，数字经济洞察力、数字资产运营力和数字人才培养力。杜孝珍和代栋栋（2022）确定了数字领导力的六大维度特征：数字认知应用能力、数字战略引领能力、数字变革推动能力、数字协调沟通能力、数字变革评估能力、数字文化建设能力。

（二）数字领导力相关的经验研究

Bansal（2008）通过实证分析，测量了使用传统领导力和数字领导力的组织的动机、信任、承诺、组织文化和绩效水平，证实了数字领导力对组织的正向影响。Politis（2014）通过协方差结构分析检验了数字领导力对人际信任和组织承诺关系的影响，研究使用了基于 2011 年基于大五模型开发的虚拟领导力的测量量表。Iriqat 等（2017）则从设想、参与、激励、授权、执行和弹性 6 个维度开发了数字领导力的测量量表，并证实数字领导力对国外商业银行虚拟团队组织承诺具有积极影响。Liu 等（2019）提出从个人层面衡量领导者数字领导力的 EACMi 模型，开发了选择个人特征和技能（作为先决条件）、积极认识信息和通信技术（ICT）、对信息通信技术的评估、学习信息通信技术的意愿、使用信息通信技术的意愿以及便利条件 6 个维度的数字领导力测量量表，是评估和理解领导者技术采用的有效模型。后来，Mihardjo 和 Leonardus（2018）在文献研究的基础上，选择创造性、深度知识、全球视野和写作、思考者和好奇 5 个维度评估数字领导力，检验了印度尼西亚电信行业企业领导者的数字领导力，企业市场导向，以及企业的动态能力、敏捷能力之间的作用机制。

Shin 等（2023）验证了企业领导者的数字领导力对组织文化和员工数字能力的积极影响。王爱国等（2023）基于数字化转型背景下的业务流程重塑视角，以业务流程数字化再造为中介变量、数字领导力为调节变量，构建了一个有调节的中介效应模型，证实了数字领导力调节智能财务决策与企业数字化转型的关系。田红娜等（2023）基于高阶梯队理论视角，检验数字化领导力对企业绿色创新的正向影响，并探究绿色组织认同的传导作用和数字化威胁的调节作用。

第三节　员工数字化创造力

一　员工创造力的内涵

关于创造力的概念界定，目前学术界尚未形成统一的概念。Anderson（2014）指出，所谓的创造力是个体在遇到问题时，不断尝试所有可能的解决方案过程中产生的对组织有用的新观点和新思想。也有学者认为个体产生的新颖、有用的想法就是创造力（Amabile et al.，1988）。Zhou 和 George（2001）认为，个体聚焦于产品、服务、生产方法、管理流程等提出的具有潜在价值的新观点称为创造力。Zhang 和 Zhou（2014）认为员工创造力是开展创造性活动的产物，是个体在工作中针对产品设计、服务提供、商业模式、生产流程等所产生的新颖且有价值的观点。而在组织行为学领域，创造力被定义为个体或者小部分群体共同产生的新颖且有用的想法，观点、过程或者流程（Amabile，1988）。也有学者将员工有关产品研发设计、生产流程等产生新颖且有用想法的过程称为员工创造力（Oldham and Cummings，1996）。

Lee 和 Chen（2015）提出所谓的数字化创造力（Digital Creativity）是指在数字技术的驱动下通过使用各种数字化设备所表现出来的创造性活动。也有学者将数字环境中，通过数字技术解决问题，完成工作任务，设计新产品时所表现出来的各种形式的创造力称为数字化创造力（Seo et al.，2013）。

二 员工创造力的测度

Scott 和 Bruce（1994）最先开发出员工创造力的测量量表，主要包括6个题项，题项如"在工作中，我会主动寻求应用新技术、新程序或新方法"，问卷采用李克特7点量表。Tierney 等（1999）开发的员工创造力量表，包括"我可以提出一个创造性的解决方案"、"我可以找到现有方法和设备的新用途"和"我可以形成新的并且可行的想法"等7个题项，问卷采用李克特7点计分。

Farmer 等（2003）编制员工创造力量表，该量表在英文与中文语境下均被大量研究选用，具备良好的信效度，由领导评分，共4个题项，如"该成员是率先尝试新观点、新方法""该员工总是尝试新的想法或方法""该员工总是寻求新的想法和解决问题的方法"等，问卷采用李克特7点量表。

Zhou 和 George（2001）编制包括 13 个条目的员工创造力量表，该量表已经被证实适用中国情境。例如，"搜索新技术、过程、技巧、和/或产品想法""提出问题的创造性解决方法""提出完成工作任务的新方式""是一个创造性想法的好来源"等，问卷采用李克特 5 点量表。Madjar 等（2011）开发员工创造力量表，包括 6 个题项。该量表具有良好的信度和效度。代表性条目如"该员工在工作中常常表现出创新性""该员工能够很容易改进现有工作流程来满足当前需求"。问卷采用李克特 7 点量表。

三 员工创造力的影响因素及经验研究

（一）个体因素对员工创造力产生的影响

周浩与龙立荣（2011）发现高水平的创造性自我效能感对员工创造力有显著的提升。王端旭与赵轶（2011）构建了学习目标取向与员工创造力关系的理论模型，结果证实学习目标取向较高时，有利于带来良好的工作结果，提升员工创造力。段锦云和曹莹（2015）通过研究发现，员工的情绪智力对其创造力有显著的影响，情绪智力高的员工能够掌控自己的情绪，遇到困难时也会积极主动去面对，促进创造力的提升。

陈明淑和周子旋（2020）基于压力学习效应的视角，探究工作不安全感对员工创造力的影响机制，引入现场非正式学习和组织创新氛围感知探究工作不安全感和员工创造力之间的影响机制和边界条件。陈耘等（2021）基于资源保存理论，构建了 AHRP 对员工创造力影响的理论模型，研究结果表明，AHRP 对员工创造力与工作繁荣有积极的影响，AHRP 通过工作繁荣的中介作用对员工创造力有显著的促进作用。李海等（2021）基于挑战—阻断性压力分类理论和压力交互理论，探究了知识更新要求对女性知识员工创造力的影响机理，证实了挑战性压力评估和个体技能发展在两者之间的中介作用，以及工作家庭冲突所起的调节作用。刘松博等（2022）基于人与环境匹配理论和自我决定理论，构建了资质过度感与员工创造力的关系研究理论模型，证实了员工资质过度通过跨边界行为的中介作用对员工创造力起到促进作用，并验证了团队集体主体取向在两个变量之间的调节作用。林世豪等（2022）基于资源保存理论视角，构建了资质过剩感与员工创造力影响的理论模型，揭示了资质过剩感对员工创造力的作用机制及边界条件，证实了资质过剩感对工作重塑具有倒"U"形影响，并通过工作重塑对员工创造力产生倒"U"形影响。

杨建锋等（2022）基于压力认知评估理论，通过研究结果发现，挑战性评估对员工创造力有积极的影响，而威胁性评估对员工创造力的影响是负向的；多任务处理与成就导向的交互作用通过挑战性评估和威胁性评估的中介作用对员工创造力产生不同影响。于海云等（2022）基于情绪传染理论和情绪认知一致性理论，从积极心理学的视角探讨了创业激情对员工创造力的影响及心理机制。马丽和唐秋迢（2022）基于工作要求—资源模型，探究在个体不同意愿情况下，即主动性/被动性工作连通行为对员工创造力的影响及作用机制。

张煜良等（2023）以资源保存理论为理论基础，从工作—家庭边界理论的视角出发，经"工作—家庭—工作"的作用路径，结果表明，员工感知挑战性—阻碍性压力通过工作—家庭渗透对员工工作创造力产生积极的影响，并验证家庭支持在工作—家庭渗透与员工创造力关系中的调节作用。杨仕元等（2023）基于人—环境匹配理论，构建了员工正式地位、非正式地位与创造力的理论模型，探究正式地位、非正式地位对员工创造力的直接异质性影响及边界条件，验证了员工正式地位与创造力之间呈"U"形关系，员工非正式地位对创造力有线性正向影响。

（二）领导风格对员工创造力的影响

Naseer等（2016）研究发现，专制型领导对员工创造力产生消极的影响，并且领导—成员关系和感知组织中其他成员政治行为在两者之间起到调节作用。Gong等（2009）从个体层面研究变革型领导与员工创造力的关系，结果证实变革型领导有效地促进员工创造力的提升。刘新梅等（2019）通过研究发现，谦卑型领导对员工创造力有积极的影响，并且谦卑型领导通过建言氛围的中介作用对员工创造力发挥显著的促进作用。于静静等（2023）基于战略领导理论和心理契约理论，构建了包容型领导对员工创造力影响的理论模型，证实了包容型领导通过心理契约的中介效应对员工创造力起着积极的作用，并且员工情感在两者之间起着调节作用。吴士健等（2020）以社会认知理论、认知—情感系统理论为基础，构建了差序式领导对员工创造力的影响模型，结果表明，差序式领导通过创造力自我效能感的中介作用对员工创造力有积极的促进作用，并且中庸思维在两者之间起着调节作用。

蔡文著和周南（2022）基于工作要求—资源模型理论、社会信息加工理论的视角，构建了悖论式领导对员工创造力影响的一个有调节的中介研究模型，证实了悖论式领导通过工作重塑的中介作用对员工创造力有显著的促进作用，员工调节焦点在两者之间起着调节作用。基于社会认知理论，陶厚永等（2022）探究了悖论式领导行为对员工创造力的影响机制，并从下属的行为反应视角出发，验证了员工的努力工作和聪明工作在两者之间所起的中介作用以及员工特质调节焦点的调节作用。李燚等（2022）基于资源保存理论，探讨参与式领导与员工创造力之间的倒"U"形曲线关系，并研究向上建言行为的瞬时中介效应，以及组织对创新重视程度的调节效果。侯昭华等（2022）基于创造力领导理论和工作中个人成长模型，验证了安全基地型领导正向促进员工创造力，工作旺盛感在安全基地型领导与员工创造力间发挥部分中介作用。

基于社会信息加工理论，卢艳秋等（2020）构建了变革型领导对员工创造力的跨层次影响模型，研究结果表明，变革型领导对员工创造力有显著的影响，并且团队失败共享信念和员工归属感在其中扮演着中介传导和边界作用条件。蓝媛媛等（2020）基于社会学习理论，探究服务型领导与员工创造力关系模型，证实了服务型领导通过知识分享的中介作用对员工创造力有显著的促进作用，并且领导—下属价值观一致性在两者之间起着调节作用。王磊和王泽民（2020）基于内隐追随理论，构建领导积极内隐追随对员工创造力的影响理论模型，结果表明，领导积极内隐追随通过领导—成员交换关系对员工创造力有显著的促进作用，对"圈内追随者"创造力有促进作用，对"圈外员工"创造力的有抑制作用。基于社会学习理论与社会认知理论，黄勇等（2021）阐述了领导创造力对员工创造力的跨层次影响模型，结果表明，领导创造力通过角色宽度自我效能感的中介效应对员工创造力有积极的影响，并且团队权力距离氛围与组织创造力支持感在两者之间起着调节作用。崔遵康等（2021）基于创造力成分理论和关系能量理论视角，通过研究发现领导精神性行为对明星员工创造力有积极的影响，关系能量在领导精神性行为与明星员工创造力之间起着调节效应。董念念等（2023）基于反馈干预理论，构建领导每日消极反馈对员工创造力的影响机制，对于证明目标导向的员工而言，领导每日消极反馈通过促进当晚问题解决反思，提升了第二天的创造力。

（三）团队因素对员工创造力的影响

石冠峰等（2020）基于社会互依理论与动机性信息处理理论，在以团队层面知识的自由流动与个体层面知识的吸收、转化为线索，在团队与个体层面探讨多层次导向的变革型领导对员工创造力的作用机制。万文海等（2022）基于工作要求—资源模型，构建多团队成员身份对员工创造力影响理论模型，结果表明，正念在多团队成员身份与专业知识学习之间起着调节作用，专业知识学习对员工创造力有积极的影响，专业知识学习和角色过载分别中介了多团队成员身份和员工正念的交互作用对员工创造力的间接影响。王永伟等（2023）基于社会交换理论，构建了领导授权对员工创造力的影响机制，证明了领导授权对团队心理安全感知和员工创造力有显著的促进作用。胡文安等（2023）研究发现，单一层面的单个条件并非构成产生新员工高创造力的必要条件,但组织创新支持氛围对新员工创造力有明显的促进作用。李姜锦等(2021),运用自证预言理论在组织情境下对员工创造力的作用,验证了领导者对员工创造力的期望确实会产生"自证预言"效应。

四 数字化创造力的经验研究

薛宪方等(2023)基于创造力系统理论框架,实证考察了授权型领导对员工数字化创造力的作用机制。谢鹏等(2024)基于数字化人力资源管理视角,通过研究发现,数字化人力资源管理显著正向预测员工数字化创造力,数字化自我效能感在两者间起部分中介作用,人力资源管理强度感知具有显著的正向调节效应。王倩(2020)通过研究发现,工作自主性、任务多样性和个体数字化技术知识均显著正向影响员工数字化创造力,创新自我效能感在上述关系中发挥部分中介作用。姚德明和赵含笑(2023)整合社会信息加工理论与组织学习理论,构建了一个链式中介模型,探讨数字领导力对员工数字化创造力的作用机制。过旻钰和朱永跃(2024)基于意义构建理论,探究了领导积极结果框架对员工数字化创造力的影响机制。

第四节 主动创新行为

一 员工主动创新行为的内涵

目前,关于"员工主动创新"的概念界定尚未达成一致意见。Parker等(2010)指出员工主动创新行为是指员工发自于内心的,出于自愿解决创新中出现的系列问题的行为,强调创新导向和变革导向的自愿性和主动性。Shally等(2009)认为主动创新行为界定是指个体发自内心积极、主动改善或创造工作环境,并自愿承担风险,而不是被动地适应现有条件的行为。

赵斌等(2014)基于主动行为模式在创新领域的理论推演提出

了主动创新行为（Proactive Innovation Behavior）的概念，将其定义为"一种发自创新人员内心的，为未来创新充分准备，并勇敢面对和解决创新中出现的一系列问题的资源创新行为"，并概括了主动创新行为的自发性、前期准备和跨越障碍三个核心要义。即员工主动创新行为是指主动解决创新过程中遇到的问题，是一种自愿创新行为。而员工创新行为是指员工在现有条件下在产品研发设计过程中所采用的新观点和新方法，不仅包括新观点本身，而且包括创新思维的产生、推广和实现。严姝婷和樊传浩（2020）认为主动创新行为是指个体发自内心心甘情愿为创新做好积极准备，面对创新过程中出现的困难和问题能够积极主动地解决，勇于迎接创新过程中出现的各种挑战，是一种自愿创新行为。徐本华等（2021）认为员工主动创新行为是员工对环境自发作出的一系列的主动变革行为，如创新工作结构和工作流程等。

二 员工主动创新行为的维度与测量

采用 Morrison 和 Phelps（1999）最先开发员工主动创新行为量表，该量表被中国学者广泛应用，代表题项"该员工经常尝试为公司制定更有效率的、新的工作方案""该员工经常改变做事的方法以使工作更有效率"，包括 10 个题项，采用 Likert 7 点评分法，1 = "非常不同意"，7 = "非常同意"。

采用 Griffin 等（2007）开发的量表，该量表共包括 9 个题项，如"我会用更好的办法完成我的本职工作""我会主动思考如何改善我的工作"，问卷采用 Likert 5 点量表。赵斌等（2014）通过发放问卷进行定量分析确定了科技人员主动创新行为的测量量表。主要包括"对创新有浓厚兴趣，发自内心想要创新""创新中出现问题时，主动与各方面协调，寻求解决方案"等 22 个题项，采用 Likert 7 点评分法，1 = "非常不同意"，7 = "非常同意"。

三 员工主动创新行为的经验研究

（一）个人因素

主要包括个体的动机、认知、心理状态等方面。个体行为受到动机的驱动，员工主动创新行为也受到内生激励（愉悦感、成就感等）和外生激励（物质奖励）的影响。如王玉峰等（2020）研究发现，员工对收益的期望会将组织的薪酬激励计划这一外部奖励转化为内生动力，产生更多的主动创新行为。杨春季和魏远竹（2017）基于内外生激励视角，通过对海底捞案例的深入剖析研究发现，员工主动创新行为主要受到内生激励和外生激励内化的驱动，外生激励的内化涉及两个关键机制。赵斌等（2017）指出在中国高权力距离和集体主义文化情境下，员工为了职业生涯的发展和目标的实现而形成认同动机（对组织规则的认同），能够积极主动地进行创新。认知和心理状态方面，张璇和冀巨海（2018）发现新生代科技员工学习和成长的工作价值取向能够促进其主动创新行为的发生。心理授权作为一种积极的认知和心理状态的综合体，能够增强员工建议的能力和实施变革的想法，继而采取主动创新行为（徐本华等，2021）。李根强等（2022）研究发现，工作敬业度高的员工在工作过程中处于一种高度的自我投入状态，因而更容易产生创造性的想法并主动付诸实践。杨长进等（2021）基于动机和能力信念视角，构建了辱虐管理与员工主动创新行为的多重中介模型，研究发现辱虐管理对员工主动创新行为具有负向作用，并且辱虐管理通过内在动机、亲社会动机、自我效能感的中介作用对员工主动创新行为产生负向影响。朱永跃和马苗慧（2022）从内在动力视角出发，基于自我决定理论，探究特质正念通过职业认同与工作旺盛感的中介作用对员工主动创新行为的影响，并检验了关怀型伦理氛围在两者之间的调节作用。马俊杰等（2023）构建了职场精神力在低年资护士双元工作压力与主动创新行为间的中介效应理论模型，验证了职场精神力在挑战性压力、阻碍性压力与主动创新行为间存在部分中介效应。

（二）领导风格对员工主动创新行为的影响

中国特殊的高权力距离和集体主义文化使员工与领导者易形成上下级的等级关系，因而领导行为、领导方式会对员工主动创新行为产生重要影响。上级发展性反馈是一种积极领导行为，面对员工的学习和发展要求，上级发展性反馈能够为其提供有价值的信息，为员工创新的"自发性"创造条件，员工依照反馈信息调整预期，为员工创新的"前期准备"创造条件，上级发展性反馈还能不断给予员工支持和激励，为主动创新的"跨越障碍"创造条件。黄俊等（2015）认为，以服务员工为第一要务的公仆型领导为员工设定未来发展目标，创造良好的支持性、自主性组织氛围，从而激发员工更多的主动创新行为。共享型领导要求员工高效率、高质量地通过创新提升工作业绩，强调团队成员间的知识共享，营造良好的团队氛围，注重权责共享，能够充分发挥员工的主观能动性，继而作出主动创新（马璐和王丹阳，2016）。李玲等（2022）指出平台型领导为员工提供平等的、共同成长的事业平台，强调平等交流，主动向员工授权，同时营造积极的组织创新氛围，能够极大地提升员工主动创新行为。相反，中国文化情境下典型的负向领导风格——辱虐管理会削弱下属的正面行为，当个体情绪感知受到阻碍时便会隐藏和减少能够引起关注的行为（包括维持现状、保持沉默等），不仅不会主动改变和改善现状，还会减少自身主动创新行为（杨长进等，2021）。

（三）组织氛围对员工主动创新行为的影响

来自组织的支持和重视是员工留下并为组织作出贡献的重要原因。根据积极互惠原则，支持性组织氛围满足员工的自主需求、能力需求、关联需求，员工以主动创新行为回报组织（严姝婷和樊传浩，2020）。挑战性压力也能通过组织支持感促进员工主动创新。发展型人力资源管理强调为员工提供系统性的培训、充分的绩效反馈、个性化的职业发展，使员工在发展型人力资源管理下具有更加积极的创新动机并表现出更多的主动创新行为（李根强等，2022）。刘冰和李逢雨（2021）基于归属感理论，探究了上下级代际冲突对"90后"员工主动创新行为的影响，结果表明，上下级代际冲突对员工主动创新行为存在明显的负向影响。严姝婷和樊传浩（2020）

通过研究发现支持性组织氛围关注员工对组织的贡献，组织重视员工的贡献，授权给员工，鼓励信息共享，提供情感支持，员工感知到组织对创新行为的支持，涌现出更多的主动创新行为。

第五节 创新自我效能感

一 创新自我效能感的内涵

自我效能感是"个体对自己能否在一定水平上完成某一活动所具有的能力判断、信念或主体自我把握与感受"（Bandura，1982）。将自我效能感与特定领域、特定任务、特定问题相联系，由此产生的具有针对性的自我效能感对行为或行为绩效的预测效果更好。对此，Tierney 和 Farmer（2002）整合职业自我效能感和创造力绩效，提出"创新自我效能感"的概念，并定义为"个体是否有能力实现创新性成果的信念"。自我效能感和创新自我效能感之间存在一般性与特殊性的差别，创新自我效能感体现的是个体在创新这一领域中对自身能力的自信程度。顾远东和彭纪生（2011）认为，创新自我效能感不仅指对获取创新成果的信念，还包括对工作过程中采取创造性方法的信念。针对过程和结果，顾远东和彭纪生（2011）将创新自我效能感定义为个人对自己在工作上能否有创造性表现的信念，即对自己创造性地完成任务与目标、克服困难与挑战等能力的自信评价。本书采用 Tierney 和 Farmer（2002）的经典定义。

二 创新自我效能感的相关研究

创新自我效能感的研究遍及心理学、教育学，以及管理学等众多领域。从现有研究成果来看，学者探究了创新自我效能感的前因和结果，以及创新自我效能感的中介效应。

（一）创新自我效能感的影响因素

创新自我效能感的影响因素主要包括个体因素、组织因素及个体与组织交互三个方面。

1. 个体因素

综合国内外研究来看，个体因素包括人格因素、思维能力及创新自我效能感的训练等方面。

（1）人格因素方面。Karwowski 等（2013）认为，创新自我效能感与个体的经验开放性、外向性、尽责性呈正相关，与情绪不稳定性、亲和性呈负相关，并且结果受到性别调节。该结果在其后续关于创造性自我信念（包括创新自我效能感、创造性个人身份和自我评价创造力）与大五人格特质的研究中再次得到验证（Karwowski et al.，2013）。Li 等（2017）认为，主动型人格作为一种内在稳定因素也可以预测创新自我效能感。此外，研究发现具有和谐型激情、职业使命感、高个人权力感的员工拥有大量创新所需的认知和情绪资源，能够在创新的动态过程中增强创新自我效能感（Hu et al.，2016）。刘追等（2016）认为，不确定性规避会使个体在进行创新活动时感受到较多阻碍性压力，进而降低预期，因此，不确定性规避将降低个体的创新自我效能感。周霞等（2021）认为，资质过剩感的员工以为自我能力较强且具有充足的资源，并受到较少约束，同时所接受任务简单易实现，因此，在有能力取得创新性成果方面具有更强的信念。Wang 等（2011）认为，对角色模糊性容忍度高的员工有更强的创新自我效能感。此外，个人学习目标导向和个人绩效导向都会对个体创新自我效能感产生影响。

（2）思维能力方面。Vinarski-Peretz 等（2011）认为，心理可用性与创新自我效能感呈正相关。Puente-Díaz 等（2016）研究发现，创造性元认知感受能够通过影响创造性自我效能感进而影响个体的创造性潜能。Karwowski（2013）的研究表明，创造性思维与创新自我效能感之间呈正相关关系，即更有创造力的个体更有可能产生创造性的结果。江静等（2014）认为，批判性思维能够对个体的创造力产生重要影响，强化其创新自我效能感。Kwon 等（2015）验证了设计领域中的类比思维能力与创新自我效能感之间的正向关系。

（3）有学者考察了能否通过外部手段干预个体的创新自我效能

感。Mathisen 等（2009）、Meinel 等（2019）研究发现，为个体提供适当的培训，使个体体验对成功的主动掌握，会增加他们对自己能力的信心，即增强个体的创新自我效能感。Byrge 等（2015）通过研究证实体验式创造力训练方案对受训者创造性自我效能感和创造性生产产生影响。

2. 组织因素

组织因素包括领导风格、领导行为、组织氛围、领导—成员关系及工作特征等。领导风格因素向来是创新自我效能感领域的研究重点。

（1）研究表明，变革型领导、创业型领导、授权型领导、家长式领导、双元型领导、包容型领导、悖论式领导、谦卑型领导、教练型领导、知识导向型领导、真实型领导、仆人式领导、参与式领导、道德型领导、共享型领导、愿景型领导、安全基地型领导、辱虐型领导、可持续领导（Javed et al., 2021）等领导风格与创新自我效能感有直接关联。

（2）也有学者聚焦于具体的领导者个体特质和行为因素与创新自我效能感之间的关系。领导者授权赋能、领导者创造力期望、领导者激励语言、上级发展性反馈、目标导向、成就性目标等因素能够维持和增强员工的创新自我效能感。关于领导—成员交换的质量与员工创新自我效能感之间的关系，Liao 等（2010）认为领导与员工的关系质量与员工的创新自我效能感呈正相关关系。Atitumpong 和 Badir（2018）研究发现，高质量的领导—成员交换关系能够帮助员工发展自我，使员工更有可能获得成功的直接性经验，进而随着时间的推移提高他们的创新自我效能感。

（3）组织氛围和组织文化方面对创新自我效能感的影响。研究发现组织创新氛围、组织创新理念和工作创新需要、创新奖励、组织创新支持、促进型定向调节、规范性创新期望、知识共享、差错管理氛围等对员工的创新自我效能感有积极影响（顾远东和彭纪生，2011）。Wang 等（2018）认为，组织的特殊交易（发展性个性化交易、灵活性个性化交易）可以吸引、留住和激励员工，并且能够提升员工的创新自我效能感。吕霄等（2020）认为，组织的个性化交易能够尊重员工个性、满足员工个性化诉求并增加员工在工作中的自主性，进而增加员工的创新自我效能感。

除上述几个因素外，工作相关因素如人—工作匹配、人—组织契合、体面劳动、高绩效工作系统、工作自主性等也会影响员工的创造性自我效能感。

（二）创新自我效能感的中介作用

创新自我效能感作为前因变量主要会对员工的创造力、创新行为及创新绩效等产生影响。结合创新自我效能感的影响研究，学者关于创新自我效能感的研究多聚焦于创新自我效能感的中介效应。具体如表3-2所示。

表3-2　　　　　　　　创新自我效能感的中介作用

自变量	中介的关系	因变量
个体因素	心理可用性、不确定性规避、基于优势的心理氛围、创造性人格、员工的创新期望	员工创新行为
	角色模糊性容忍度、智力和个性、批判性思维、类比思维能力、职业使命感、个人学习目标导向	员工创造力
	和谐型激情	创新绩效
	资质过剩感	越轨创新
	创造性思维	创造性解决问题
组织氛围	个体感知到的差错反感文化、组织创新氛围、规范性创新期望、创新奖励、个性化交易、组织创新支持	员工创新行为
	特殊交易	与员工创造力
	组织创新氛围	越轨创新行为
	促进型调节定向	跨边界行为
领导因素	家长式领导、双元型领导、变革型领导、谦卑型领导、教练型领导行为、真实型领导、创业型领导、包容型领导、共享型领导、仆人式领导、领导授权赋能、问询式反馈与观察式反馈	员工创新行为

续表

自变量	中介的关系	因变量
领导因素	愿景型领导、领导创造力期望、上级发展性反馈、变革型领导、创业型领导、悖论式领导、道德型领导、可持续领导、参与式领导、成就目标	员工创造力
工作相关	人—工作匹配、工作不安全感、个人—组织契合、体面劳动	员工创造力
	高绩效工作系统、人—岗匹配	员工创新行为
	工作自主性和任务多样性	数字化创造力
	工作自主性	知识获取行为

第六节 内部人身份认知

一 内部人身份认知的内涵

组织行为学中的"内部人"身份概念由来已久。以往研究基于社会交换理论、自我归类理论等将内部人简单地概括成包含在（组织）内的人（Actual Inclusion），但是当员工缺乏与多数群体的互动时，可能会产生不被组织包含在内的、被边缘化的感受，使其认为自己不是"内部人"，这与以往的定义相悖。对此，Stamper 和 Masterson（2002）为了阐明组织中"外部人"和"内部人"的关系，首次提出内部人身份认知（Perceived Insider Status，PIS）的概念，从员工个体视角反映员工对自己与组织之间关系的认识。不同于将"内部人"简单定义为"包含在"组织中的员工，Stamper 和 Masterson（2002）认为内部人身份认知更强调员工感受到自己是组织内部人员的程度，即员工对组织的归属感。Masterson 和 Stamper（2003）在后续的研究中指出，内部人身份认知代表着员工在组织工作中的"个人空间"和"被接受感"的获得，在此基础上，对内部人身份认知的内涵进行更深层次的探索，将其纳入自我概念的范畴。

在中国的"圈子"文化的特殊情境下,领导者会主动对员工进行"内部"和"外部"团体的归类,对此,汪林等(2009)、王永跃等(2015)认为,员工内部人身份更多地表现为对员工—组织关系的自我参照评估,对自身"内部人身份"的主观认知。类似地,马跃如和白童彤(2022)等认为,在中国的集体主义文化情境下,内部人身份认知表现为员工感受到自己是企业的"主人翁",将自己与组织划为一体。由此可见,中外学者关于该变量的定义虽然不尽相同,但都反映了员工对自身"内部人"身份的感受程度。因此,本书引用Stamper和Masterson对内部人身份认知的界定。

二 内部人身份认知的相关研究

内部人身份认知已有较为丰富的研究成果,已有研究主要从内部人身份认知的影响因素和影响效应两个方面展开。

(一)内部人身份认知的影响因素

1. 个体因素

内部人身份认知受到个体的人格特质、个体感知和客观状态等因素的影响。Kim等(2009)发现具有积极主动性格的新员工将通过创造性行为重塑新的工作环境,这种工作环境的塑造行为又会提升其职业满意度和内部人身份认知。李锡元等(2017)认为个体—主管深层相似性感知与内部人身份认知呈正相关关系,即下属感知到自己与主管在价值观、爱好、性格、解决问题的方式等方面相似性越高,越有利于员工强化自我身份,加强内部身份认知。赵斌等(2017)研究发现,人—组织价值观匹配代表着员工对组织情感的升华与融入,进而形成内部人身份认知。马跃如和白童彤(2022)在中国情境下的研究发现,有别于西方社会交换理论中员工在经济交换和社会交换过程中的界限清晰和彼此独立,中国组织中的类亲情交换的状态体现的是员工与组织之间的关系像家人一样相互依赖和高度交融,因此,类亲情交换关系能够促使员工产生内部人身份认知。此外,实际介入、主动社会行为、资质过高感、心理授权也会对个体内部人身份感知的形成产生一定的影响。

2. 群体因素

群体因素主要包括团队相关因素和领导相关因素等。Lapalme 和 Stamper（2009）认为来自管理者和客户公司员工的支持能够促进"临时工"对内部人身份的感知，这些员工即使在客观上被归类为群体外成员，也同样能产生"内部人"的感受。这种个体的内部人身份感知同时与较高的情感承诺和人际促进水平相关。Hui 等（2015）研究发现，上级领导的支持和决策的参与能够促进员工的内部人身份认知。同时，汪林等（2009）、Zhao 等（2013）认为，高质量的领导—成员交换关系能够激励团队成员产生积极的自我概念，为员工提供更多的关注、培养和支持及信任与授权，从而促进个体的内部人身份感知。尹俊等（2012）研究证实，授权赋能的领导行为能够正向影响员工的内部人身份认知。员工与领导者达成的成功的个性化工作协议能够提高领导—成员交换关系质量，使员工获得更多自我提升的机会，从而有利于提升员工内部人身份认知水平。此外，社会交换理论认为，不同的领导风格代表着领导者不同的认知和态度，能够对员工的认知和态度产生影响。伦理型领导、差序性领导、真实型领导、授权型领导、包容型领导、分享型领导、魅力型领导、情感型领导都能促进员工产生较强的内部人身份认知。

3. 组织因素

对于人力资源管理实践而言，Guerrero 等（2013）基于社会认同理论研究表明多元化实践的组织作出人力资源相关决策时，会公平对待包括少数群体在内的所有组织成员，为所有员工提供相同价值的个人感知，使个体感受到组织的重视，从而提升了自己的内部人身份认知。孙会和陈红（2015）指出，企业实施的人力资源管理实践的质量影响着员工的内部人身份认知。刘宗华等（2017）研究发现，高承诺工作系统向员工传达了重视、信任、培育等专属于内部人的信息，使员工感知到他们与组织的关系是基于双方信任和互惠的关系，而非纯经济的短期交换的关系，能够提升员工的"内团体"身份感知水平。对于组织氛围而言，在组织信任氛围和关怀型伦理氛围中，员工易于将自身身份整合到自我概念中，继而形成内部人身份认知。此外，杨皎平和王淑君（2022）指出在当前员工流动常态化情境下，再就职的新员工获得的新组织社会价值肯定能够极大减少其是否被组织成员所接受的困扰，并且强化自身是新组织的一员而"非入侵者""外来者"的认知。组织支持、组织德性、组织公平和组织同情等都能够对员工内部人身份认知产生积极影响。

（二）内部人身份认知的影响效应

内部人身份认知能够对个体的认知、态度、行为，以及工作结果等方面产生影响。

1. 个体的认知和态度

基于诱因和贡献理论，Chen 和 Aryee（2007）认为，员工根据从组织获得激励这一诱因判断雇佣关系质量，产生内部人身份认知，进而增强员工的工作满意度，提高其组织承诺水平。后续研究也分别验证了内部人身份认知对工作满意度和组织承诺的积极影响。孙会和陈红（2015）指出，当新生代员工感受到自己属于组织内部人时，他们会对组织产生强烈的情感和高度的忠诚，甘愿为组织牺牲个人利益，从而产生对组织的占有感和归属感，即内部人身份认识有助于提升新生代员工的敬业度。内部人身份认知对员工敬业度和组织忠诚度的影响研究也得到一些学者的证实。

2. 个体行为

已有研究表明对内部人身份的认同会对促使员工产生积极的利组织行为。作为一种能够带来较高归属感、认同感的积极的自我认知，Chen 和 Aryee（2007）、王永跃等（2015）、赵斌等（2017）、Xie 等（2023）学者的研究证实内部人身份认知是影响员工创新的重要因素，可以有效激励员工实施创新行为。基于中国家族企业样本研究，汪林等（2009）发现个体在融入组织内部，获得内部人身份认知后，将被激励接受作为组织公民的责任，即承担更多角色外责任，继而作出组织公民行为。学者的研究也进一步证实了这个观点。此外，内部人身份认知还会促使员工作出建言行为、前摄行为、主动变革行为、知识共享、亲组织非伦理行为、亲组织不道德行为等积极或消极行为。

3. 工作结果

内部人身份认知对个体工作结果的影响主要体现在工作绩效方面。Wang 和 Kim（2013）指出，对内部人身份的认同激励个体主观上接受作为组织内部人员的责任，主动融入组织其他成员中，从而更好地完成分配的任务，即内部人身份认知与任务绩效呈正相关。Sui 和 Wang（2014）则认为内部人身份认知通过组织自尊影响工作绩效。黄亮和彭璧玉（2015）基于个体自我表征理论的研究则指出，员工接受的由内部人身份认知而产生的组织内部人员责任感能够激发员工主动为组织的未来发展努力创新，继而提升创新绩效。楼旭明等（2021）也指出，新生代员工感知到内部人身份后不仅对组织产生更多责任感，将组织视为命运共同体，还会产出更多有利于组织发展变革的创新想法，并积极采取行动将其转化为创新成果，从而能够提升个体创新绩效水平。

第七节 主动性人格

一 主动性人格的概念

基于社会交换理论，人与环境之间是交互影响的。Bateman 和 Crant（1993）由此指出，主动性人格（Proactive Personality）是一种相对稳定的人格特质，其不受外部环境力量的约束并适应和塑造周围环境。相较于缺乏主动性，被动适应和忍受环境的人，具有主动性人格的个体积极寻找机会，采取行动，发现并解决问题，从而推动组织的变革。

之后的研究丰富了主动性人格的内涵。Greguras 和 Diefendorff

（2010）认为，具有主动性人格的个体多表现出目标导向和未来导向。Parker 等（2010）研究认为，具有主动性人格的个体通过目标驱动的过程与工作结果促进个人和组织的持续提升。张振刚等（2014）分别从心理学视角、行为理论视角和过程论视角厘清了主动性人格的内涵，即积极主动的个性，具有前瞻性、主动性和变革性的行为，以及强调未来导向的工作行为模式。此外，在与大五人格特质的对比研究中，Crant 和 Bateman（2000）指出主动性人格从概念和经验上解释了大五人格模型没有考虑到的独特人格因素。Spitzmuller 等（2015）实证研究发现，主动性人格是一种更高层次的人格结构，与大五人格特质中的开放性、外倾性、宜人性和尽责性有或多或少的重叠，但主动性人格中超过50%的差异不能使用大五人格特征解释。由此可见，主动性人格与大五人格特质既不能完全并列，也不能完全割裂。

虽然学术界在主动人格内涵上的研究较为丰富，但 Bateman 和 Crant（1993）关于主动性人格的定义得到国内外学者的普遍认可，较为权威，本书采用此定义。

二 主动性人格的相关研究

梳理已有文献发现，学者多将主动性人格这一心理变量作为调节变量进行研究，即当个体处于不同的主动性人格水平时，使不同因素对个体的认知、态度、行为和工作结果等方面产生的作用效果不同。本书将主动性人格选作调节变量，因而主要梳理其作为调节变量的研究。

毛畅果和孙健敏（2013）研究指出，主动性人格一方面会增强工作场所不文明行为对员工态度（人际公平感、程序公平感、情感承诺）的影响，同时，也会削弱工作场所不文明行为对员工越轨行为和工作绩效等行为层面影响。闫艳玲等（2019）的研究表明，对于高主动性人格员工而言，无论组织环境因素能否满足其基本需求，他们都会积极主动地投入角色，因此，积极领导对低主动性人格员工的需求满足影响更强。陈建安等（2017）认为对于主动性人格的员工来说，组织实施的高强度支持性人力资源实践并不一定能带来高水平的组织支持感。因为拥有主动性人格特质的员工对组织提供的人力资源实践要求较高，因而其感知到的和期望的人力资源实践更容易有落差，从而导致较低的组织支持感。张兰霞等（2022）提出，在面对职场排斥时，能够主动改变自己与环境互动方式的高主动性人格员工会认为自己有能力并且将主动采取一系列积极措施进行关系重塑。因而，主动性人格能够在职场排斥与心理困扰、职场排斥与关系重塑之间起着调节作用。周飞等（2018）认为，从个体特征和领导的交互视角来看，主动性人格能够对个体的主动性行为起到调节作用。在包容型领导的环境下，员工的主动性人格可以调节其创新行为的产生。主动性人格还会调节服务型领导、授权型领导与员工创新行为、威权型领导、谦卑型领导对员工创造力的影响。

第八节　本章小结

本章首先对本书的相关变量进行详细的阐述，关于平台型领导的内涵概念的界定、平台型领导变量的测量，以及学者对关于平台型领导展开的经验研究；数字领导力的溯源及内涵的界定、数字领导力的特点、数字领导力的维度、相关经验研究；创造力及员工创造力的概念界定、学者关于员工创造力的测度、个体因素对员工创造力的影响，以及领导风格对员工创造力影响、团队因素对员工创造力等的经验研究；员工创新行为的内涵，以及员工主动创新行为概念的界定，员工主动创新行为的维度与测量，从个体的动机、认知、心理状态对员工主动创新行为影响、领导风格对员工主动创新行为的影响、组织氛围对员工主动创新行为影响等学者展开的经验研究；创新自我效能感的内涵、创新自我效能感的影响因素及中介作用等相关经验研究；内部分身份认知的内涵、影响因素、影响效应等相关经验研究；主动性人格的概念、相关经验研究等。

第四章 领导数字化支持情境下数字化准备对员工数字化创造力的影响研究

第一节 问题聚焦

随着人工智能、大数据、物联网等数字技术的发展,由数字技术创新带来的产品和服务已经渗透到人们的日常生活中,数字技术使传统创新形式向数字化创新转变,也颠覆了创造力的表现形式,促进了数字化创造力的涌现。越来越多的企业开始利用数字技术获取所需资源、开发新产品、提供新的服务或解决方案等进行数字化创新活动(Nambisan et al., 2017)。数字技术为企业提供了新的创新机会,决定着企业的未来发展。几乎没有企业或者组织可以免遭数字技术带来的影响和改变(Nambisan et al., 2019)。企业进行数字化创新的程度在一定程度上取决于企业的信息技术设施的完善、员工的相关数字技能和知识以及对数字化变革的心理适应性及数字化准备等,由此可见,企业利用数字技术进行创新需要大量的准备做支撑(Chen et al., 2017; Lokuge and Sedera, 2018)。作为企业数字化创新的主体,员工对数字技术的掌握,以及利用数字技术进行创造性活动的能力对企业的数字化转型升级及创新起着至关重要的作用。

也有研究证实了信息技术人员的技能准备情况不仅对其数字化创造力至关重要，而且决定着企业数字化创新进程（Byrd and Turner，2000）。因此，要想提升企业的数字化创造力，需要企业面对数字化创新做好积极的准备。完善企业的信息基础设施建设，提高员工的信息素养技能和数字搜索技术，改善员工的心智模式以适应数字化情境进而全面提升员工的数字化创造力，促进企业数字化转型升级。

目前，虽有研究指出数字化导向和数字能力对企业的数字化创新具有重要的影响（Sabai and Theresa，2018）。但是，自我效能理论认为，自我效能感强弱会影响员工的创新信念、自信心，以及从事创造性活动的积极性，创新自我效能感对促进员工从事创造性活动至关重要。由于员工在数字化创新过程中面临任务结构的模糊性、挑战性和复杂性，以及创新结果的不确定性和风险性，只有对数字化创新执着信念和信心才能支撑继续创新的决心。因此，创新自我效能感是员工从事数字化创造性活动时重要的内驱力，在数字化创新过程中遇到困难和阻力会积极主动地不断寻找新的知识和技能克服，以持续不断地推进自己的数字创造性活动，直至成功（吴士健等，2020）。然而，对于创新自我效能感是否为数字化准备和数字化创造力之间的桥梁，目前学术界尚未给予关注，理论驱动的相关实证检验仍是处于探索阶段。

此外，根据组织支持理论可知，高层管理者对员工的创新支持，影响员工对待创新的认知、态度和行为（Eisenberger and Stinglhamber，2011）。相较于传统的IT技术，数字技术对企业的影响是全面的，也是实现数字化创新的前提，需要投入的研发费用高、时间跨度长，结果不确定，需要得到高层管理者的关注和支持才能顺利推进数字组件、数字平台或数字基础设施的建设与完善。高层管理者对企业数字化战略的制定，以及数字技术的广泛运用等支持对促进数字化创新至关重要（王新成和李垣，2021）。目前，鲜有文献探究企业高层管理者对数字化战略支持情境下，员工的数字化准备对其数字创造性活动及其结果的影响研究（王新成和李垣，2021）。

因此，本章基于自我效能理论和组织支持理论，剖析了数字化准备对员工数字化创造力的影响机制，引入创新自我效能感作为中介变量，探究数字化准备影响员工数字化创造力的中介传导机制，揭示数字化准备影响数字化创造力的传导机制"黑箱"；引入领导数字化支持作为调节变量，考察在不同水平的领导数字化支持下，数字化准备作用于数字化创造力的边界条件。以期厘清员工数字化准备驱动企业数字化创新的内在机制和领导数字化支持发挥调节作用的具体情境，为企业的数字化创新提供理论支持和实践借鉴。

第二节　理论分析与研究假设

一　员工的数字化准备与数字化创造力

目前，关于数字化创造力的概念界定，学者尚未达成一致意见。Lee 和 Chen（2015）提出所谓的数字化创造力（Digital Creativity）是指在数字技术的驱动下通过使用各种数字化设备所表现出来的创造性活动。也有学者在数字环境中，通过数字技术解决问题，完成工作任务，设计新产品时所表现出来的各种形式的创造力即数字化创造力（Seo et al.，2013）。数字化创造力是通过数字技术驱动，即兴创作的创造性能力，面对数字化情境下表现出富有想象力的形式。

所谓的数字化准备（Digital Innovation Readiness）即数字化创新的准备程度是指对组织利用数字技术开展相关创新活动准备状态的一种评估（Lokuge et al.，2017）。由于企业创新的主体是员工，员工的创新能力决定着企业的创新能力，员工的数字化准备程度对企业从事数字化创造性活动和数字化创新能力极其重要。因此，本章的数字化准备主要是研究员工对数字化的准备程度，主要是指由员工对数字技术的学习和运用能力，以及对数字化的认知、态度和行为等组成。企业运用数字技术进行创新，需要在人员知识、IT技能水平、心智模式、态度和行为，以及沟通等方面进行适应性调整，使员工从认知和行为上做好从事数字化创新活动的积极准备（Lokuge et al.，2018）。而员工对利用数字技术从事创造性活动的相关思考、学习和具有前瞻性的心理、行为准备状态不仅是企业进行数字化创新的基础，而且有利于激发员工积极主动思考、学习投入数字化创造性活动，甚至帮助企业克服资金和人力资本等资源的不足。

不仅如此，员工的数字化准备如与数字技术相关的知识、技能、经验，以及利用IT技术满足企业数字化转型的能力对数字化创造力有重要的影响。在数字化时代，员工的信息素养技能包括对信息的需求、搜索、获取、吸收和使用等IT技能有利于员工获取更多的数字信息，捕捉更多的市场信息和用户需求，进一步提升其数字化创造力（Mohammadyari and Singh，2015）。有学者通过研究证实，员工从事数字化创造性活动的准备度越高，数字化创造力越强，企业的数字化创新水平也越高（Lokuge et al.，2019）。据此，本章提出如下假设。

H4-1：员工数字化准备对数字化创造力有正向影响。

二 创新自我效能感的中介作用

由于从事数字化创新活动任务结构的模糊性和复杂性，以及创新结果的不可预测性，面临困难和挫折就会产生动摇，影响员工的工作积极性，甚至产生自我否定。根据自我效能理论（Self-Efficacy Theory）可知，个体的自我效能感不仅会影响员工从事挑战性或者创新活动的努力程度，还会影响员工面对困难时的信心、坚韧性和耐力。只有对数字化创造性活动内在的强烈信念才能支撑继续创新的决心。Tierney和Farmer（2002）将自我效能感与员工创新能力相结合，提出了创新自我效能感（Creative Self-Efficacy）的概念，即员工面临创新任务的复杂性和模糊性、结果的不可预测时，拥有面对创新的自信程度。创新自我效能感高的员工对任务结构有清晰的把控，并积极主动寻找新的方法或者诀窍创造性地解决问题，或者提出有关新产品或者服务的设计或者方案。创新自我效能感低的员工表现则相反。由此可见，自我效能感强弱会影响员工的创新自信心和努力程度、行为和结果。

当前，企业处于数字化转型期，对数字化创新的认知处于"摸着石头过河"阶段，员工在从事数字化创新活动过程中，信息基础设施的完善程度、数字技术的搜索、运用能力，以及 IT 知识、技能等的适应性，加之创新结果的不确定性和风险性等，对员工的创新态度和行为都会产生严重的影响。而创新自我效能感为员工面临创新过程中出现的困难和挫折时，提供源源不断的信心和内驱力。企业积极完善信息基础设施，培养员工的信息素养，提高对数字技术相关的知识和技能掌握能力，积极为数字化创新做好各种认知和心理准备，降低了数字化创新的风险性和不确定性，有利于提高员工创新自我效能感。此外，员工相关技能准备和心理调适，能够积极主动地不断摸索和实践，激发员工的创新潜能，持续推进数字化创造性活动，直至成功（Carmeli and Schaubroeck，2007）。

不仅如此，创新自我效能感是员工从事数字化创造活动时重要的内驱力，在遇到困难和阻力时，积极主动地尝试用数字技术相关知识和技能去创造性克服困难，进而提升其数字化创造力（吴士健等，2020）。由此可知，员工的数字化准备度对创新自我效能感有积极的影响，创新自我效能感高的员工对自己创新行为和创新结果都有积极的信念支撑，自信自己不仅能产生富有创意的想法，还能帮助他人提出新的想法或方案解决问题，从而提升数字化创造力，推进企业的数字化创新（Tierney and Farmer，2002）。由此可知，员工的数字化准备有利于提高创新自我效能感，而自我效能感的增强对员工的数字化创造力有积极的影响。本节提出如下假设。

H4-2：创新自我效能在员工的数字化准备与数字化创造力之前起着中介作用。

三　领导数字化支持的调节作用

本节的领导即企业的高层一般泛指企业的总经理（CEO）、董事长，以及董事、监事等其他高层管理团队成员。根据组织支持理论（Organizational Support Theory）可知，高层管理者对员工的创新支持，影响员工对待创新的认知、态度和行为（Eisenberger and Stinglhamber，2011）。高层管理者如 CEO、CIO 等作为企业数字化战略的决策者和数字技术的执行者，只有得到高层管理者的关注和支持，才能顺利实施企业数字化战略，推进数字技术创新，因此，高层管理者的支持对实施数字化创新至关重要（王新成和李垣，2022）。高层领导的数字化支持，不仅有助于增强员工的创新自我效能感，还是提升员工数字化创造力的"催化剂"。因此，本节基于现有的研究，进一步探索领导数字化支持对员工数字化准备和数字化创造力之间关系的调节作用。

第一，与传统的 IT 技术不同，数字技术对企业的影响是全面的，能够带来颠覆性的影响和改变，但是，数字技术主要包括数字组件、数字平台和数字基础设施等，需要投入资金多，周期长、结果不确定性，需要高层管理者的特别关注和支持，才能顺利实施（Shepherd，2017）。高层管理者通过制定和实施数字化战略支持企业数字化目标的实现，为数字化创新协调、整合不同业务部门的资源、优化配置数字资源，加大对数字技术的研发投入，加强对员工数字化相关方面的知识、技能和经验等培训，提高员工对数字创新的准备程度，从而增强员工面对数字化创新过程中出现的各种困难和挑战时的创新信心，即创新自我效能感（Li et al.，2021）。

第二，当高层管理者对数字支持较高时，会利用自身拥有的社会资本成为企业数字化创新的"引导之手"（李玲和陶厚永，2013）。高层管理者与政府机构或政府官员之间建立的跨界关系能够为企业数字化创新带来资金、技术和人才等方面的科技补助、税收优惠等政策支持，为企业推进数字技术应用和创新提供了保障（曹雅楠和蓝紫文，2020）；高层管理者利用企业与科研院校之间的产学研合作关系，通过海量资源整合、数据挖掘、整理和分析等，有利于催生数字化新产品设计灵感、获取最新的数字信息，跟进最新的创新趋势，为企业数字化创新助力（陈庆江等，2021）；并且，高层管理者利用企业与客户、供应商和消费者等之间建立的桥梁，通过组织间联通、协同合作等实现数字技术共享、数字资源互补，催生各种创意，提高了企业从事数字化创新的环境适应性和战略灵活性（郭海和杨主恩，2021）。高层管理者通过拥有的社会网络关系，为企业数字化创新准备提供资源、技术、人才、政策、战略等支持，提高了员工对利用数字技术进行创新的认知和心理适应性，增强了创新自我效能感。

第三，高层管理者支持员工主动表达、分享与数字技术有关的意见、问题和经验，对员工的主动工作行为给予鼓励和支持，员工感受到领导对数字创新的支持时，就会努力克服各种艰难险阻，积极主动地投入创新活动中；并且高层管理者与员工分享自身工作经历、海外留学经历、技术管理经验等能够使员工获得相关数字技术知识、创造性技能等新知识，启迪员工探索更多新想法，改善了员工的心智模式和心理适应性，提高了员工应对数字创新的技术准备和心理准备，提高了创新积极性和主动性。此外，高层管理者对数字技术和数字战略的支持增强了企业的学习机制，员工对数字技术相关的知识、技能掌握熟练，能够快速理解与掌握新技术，促进了员工应对采用和实施数字技术改造业务流程、改进商业模式以及开发新产品的决心和准备（Warner and Wäger，2019），增强了从事数字化创新活动的自我效能感。

综上所述，领导数字化支持是影响员工应对数字化创新准备，提升员工创新自我效能感的重要驱动因素（Sabai and Theresa，2018）。当企业的领导数字化支持水平越高时，员工应对数字化创新的准备度越充分，从而增强创新自我效能感。因此，领导数字化支持和数字化准备的交互，可能成为增强员工数字化创新自我效能感的催化剂。领导数字化支持水平不同，员工数字化准备对创新自我效能感的影响可能呈现出不同的效果。相比较低水平的领导数字化支持，领导数字化支持水平高的企业，数字化准备对员工从事数字化创新效能感的影响更为明显。基于此，本章提出如下假设。

H4-3：领导数字化支持正向调节数字化准备与创新自我效能感之间的关系。

四 被调节的中介作用

由前面的假设进一步推论可知，对于领导数字化支持水平较低的企业而言，领导数字化支持水平较高的企业通过增强创新自我效能感有利于进一步提升员工的数字化创造力。因此，当领导数字化支持水平不同时，员工的创新自我效能感对数字化创造力的影响程度可能会不一样。基于此，本章认为，员工的数字化准备通过创新自我效能感影响其数字化创造力的路径，同样会受到领导数字化支持的调节。具体而言，当领导数字化支持水平较高时，数字化准备提升了员工的创新自我效能感，此时，员工参与数字化创新的信心十足，提高了员工主动创新行为，从而推动数字化创造力的提升；当领导数字化支持水平较低时，员工数字化准备所具备的有关数字技术的知识、技能和经验因为缺乏高管的支持和鼓励，积极性、主动性和创新信心较低不足以提升员工的创新效能感，即数字化准备对员工创新自我效能的正面影响较小，而较低水平的领导数字化支持也使创新自我效能感所带来的创新心理支撑和创新信心无法得到很好体现，员工的数字化创造力也难以很好地提升。换言之，领导数字化支持对"数字化准备—创新自我效能感—数字化创造力"这一作用路径有积极的影响。基于此，本章提出如下假设。

H4-4：领导数字化支持调节创新自我效能感在数字化准备与数字化创造力之间的中介作用。即当领导数字化支持水平越高，数字化准备通过创新自我效能影响员工数字化创造力的作用越强；当领导数字化支持水平越低，数字化准备通过创新自我效能感影响员工数字化创造力的作用越弱。

综上，本节以组织支持理论和自我效能理论为理论基础，构建了员工的数字化准备影响其数字化创造力的机理模型如图4-1所示。在模型中，数字化准备通过增强员工的创新自我效能感提升其数字化创造力，领导数字化支持在该作用路径中起"第一阶段的调节作用"。

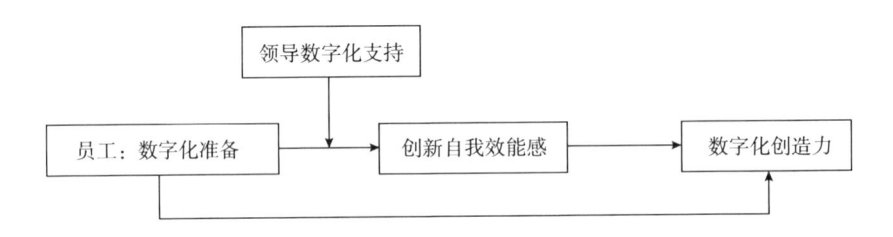

图4-1 数字化准备对数字化创造力的研究框架

第三节 研究设计

一 研究样本与数据收集

目前，物联网、移动办公平台、新媒体、云、大数据等都有数字化技术的应用。研究采用问卷星发放问卷的方式，样本主要来自武汉、苏州、上海、北京、无锡、南京等城市，样本涉及的行业有互联网、信息技术、教育培训、制造业、新媒体、电子商务等。剔除错填、漏填等，回收的有效问卷有270份，有效问卷率达89.8%。在270份有效样本中，男性为59.07%，女性为40.93%；25岁以下为17%，25—30岁为50.71%，30岁以上为32.29%；大专及以下学历为9.1%，本科学历为60.45%，研究生及以上学历为30.45%。工作年限5年以内的员工占19%，5—10年的员工占51.71%，工作年限10年以上的占29.29%。此外，在技术部门工作的受访者有 67%，33% 则没有在技术部门工作的经历。

二 测量工具

本书选取的基本都是国内外广泛使用比较成熟的量表。为了保证问卷的信度和效度，结合研究内容对问卷题目进行了小范围测试，根据回收的样本测试结果对量表进行部分修改，然后进行大规模发放。

（1）数字化准备：采用 Lokuge 等（2018）主要包括"员工有权做出促进创新的决策""员工具备促进创新的适当技能"等 17 个题项。

（2）数字化创造力：参考 Lee 和 Chen（2015），在 Zhou 和 George（2001）的量表基础上进行编制，主要包括"通过使用数字化技术，我能够在工作中不断创造新的知识"等 3 个题项，α 系数为 0.83。

（3）创新自我效能：采用 Carmeli 和 Schaubroeck（2007）编制的量表，8 个题目，代表题项"我相信我能在我下定决心的任何创造性的努力中取得成功""即使在困难的时候，我也可以表现得很有创造力"，原始量表中 α 系数为 0.92。

（4）领导数字化支持：采用 Zhen 等（2021）"高级管理人员认为，数字治理对于利用数字相关资源进行业务活动是必要的""高级管理人员相信数字治理可以创造竞争优势"等 6 个题项。

以上变量均采用 Likert 5 点量表进行评分，1 = "非常不同意"（非常不符合），5 = "非常同意"（完全符合）。除此之外，由现有的文献可知，除了以上因素对员工数字化创造力有影响，还有其他变量也会对数字化创造力产生影响，本书将性别、年龄、学历和工作年限、行业类型，以及有无技术部门工作经历作为控制变量。

第四节 数据分析

一 验证性因子分析和同源偏差

本书以 Cronbach'α 系数作为检验信度的判断标准。本书的所有变量 Cronbach'α 系数均大于 0.8，最小因子载荷均大于 0.7，KMO 均大于 0.7，AVE 均大于 0.5，可见整体信度较高。我们利用 AMOS 21.0 对数据进行验证性因子分析，比较各种因子模型的拟合优度。我们通过对 4 个模型进行比较来考察各个因子模型的区分效度。结果如表 4-1 所示，研究假设的四因子模型与另外 3 个模型相比，$\chi^2/df = 1.764 < 3$，$CFI = 0.979 > 0.9$，$TLI = 0.947 > 0.9$，$RMSEA = 0.021 < 0.08$，说明四因子模型四个变量区分效度最为理想。

表 4-1　　　　　变量的验证性因子分析结果

模型	因子	χ^2	df	χ^2/df	CFI	TLI	RMSEA
四因子模型	DRE；CSF；TDP；DIV	352.900	200	1.764	0.979	0.947	0.021
三因子模型	DRE+CSF；TDP、DIV	1672.010	206	8.116	0.751	0.781	0.122
二因子模型	DRE+CSF、TDP+DIV	2456.020	208	11.807	0.572	0.532	0.143
单因子模型	DRE+CSF+TDP+DIV	3467.090	209	16.589	0.410	0.461	0.111

注：DRE 表示数字化准备、CSF 表示创新自我效能、TDP 表示领导数字化支持、DIV 表示数字化创造力；"+"表示将变量合并。

由于每份问卷由同一人填写，为了避免共同方法偏差问题，在数据分析之前，采用 Harman 单因素检验方法检测，对问卷中所有变量进行因子分析，第一个公因子的方差解释百分比为 29.13%，远小于 40%，可以认为该研究不存在严重的共同方法偏差问题。此外，VIF 值均小于 5，说明本研究模型构建良好，不存在多重共线性问题。

第四章 领导数字化支持情境下数字化准备对员工数字化创造力的影响研究

二 描述性统计及相关分析结果

由表4-2可知，数字化准备与领导数字化支持呈显著正相关（$r=0.407$，$p<0.01$），与创新自我效能感（$r=0.512$，$p<0.01$）呈显著正相关，与数字化创造力（$r=0.487$，$p<0.01$）呈显著正相关；领导数字化支持与创新自我效能感（$r=0.453$，$p<0.01$）呈显著正相关，与数字化创造力显著正相关（$r=0.344$，$p<0.01$）。创新自我效能感与数字化创造力（$r=0.407$，$p<0.01$）呈显著正相关。这些相关性分析结果与本节提出的员工数字化准备和数字化创造力H4-1基本相符，其他中介效应、调节效应，以及被调节的中介效应等理论假设还需进一步通过回归分析进行验证。

表4-2 各变量的均值、标准差和相关性分析

变量	平均值	标准差	1	2	3	4
数字化准备	3.891	0.838	1.000			
领导数字化支持	3.946	0.778	0.407**	1.000		
创新自我效能感	3.900	0.697	0.512**	0.453**	1.000	
数字化创造力	3.597	0.875	0.487**	0.344**	0.407**	1.000

注：**$p<0.01$（双尾检验）。

第五节 假设检验结果

一 直接效应和中介效应检验

本书在做回归分析之前，为了降低多重共线性，对控制变量以外的变量都进行了中心化处理。运用层级回归法对创新自我效能感的中介效应进行检验，结果如表4-3所示。模型1至模型2是对中介变量创新自我效能感的回归分析结果，结果显示，数字化准备对创新自我效能感有显著的正向影响（$\beta=0.666$，$p<0.001$）。因此，

H4-2 通过验证。模型 3 至模型 4 是对因变量数字化创造力的回归分析结果。模型 4 结果显示，数字化准备对数字化创造力具有显著的正向影响（$\beta=0.606$，$p<0.001$）。模型 5 结果显示，创新自我效能感对数字化创造力有显著的影响（$\beta=0.649$，$p<0.001$）。模型 6 显示同时放入数字化准备与创新自我效能感，数字化准备对数字化创造力的影响有所降低（$\beta=0.666$，$p<0.001 \rightarrow \beta=0.313$，$p<0.001$），创新自我效能感对数字化创造力的影响仍然显著（$\beta=0.439$，$p<0.001$），因此，创新自我效能感在数字化准备与数字化创造力之间的中介作用显著。据此，H4-1 与 H4-2 得到验证。

表 4-3　　　　　　　　　　直接效应与中介效应检验

变量	创新自我效能感		数字化创造力			
	模型 1	模型 2	模型 3	模型 4	模型 5	模型 6
性别	0.150*	0.051	0.111*	0.001	-0.096	-0.022
年龄	0.084	0.074	-0.050	-0.054	-0.006*	-0.086
学历	0.079*	-0.085	-0.176	-0.107*	-0.075	-0.070
行业类型	0.011	-0.046	0.020	0.015	0.048*	0.035
工作年限	0.063	0.043	-0.045	-0.100*	-0.110	-0.019
技术部门经历	0.056	-0.038	0.008	-0.031	0.006	-0.015
数字化准备		0.666***		0.606***		0.313***
创新自我效能感					0.649***	0.439***
R^2	0.059	0.481	0.058	0.406	0.454	0.506
Adj R^2	0.034	0.465	0.033	0.387	0.437	0.487
F-value	2.336**	29.045***	2.334**	21.341***	26.288***	27.868***

注：*$p<0.05$，**$p<0.01$，***$p<0.001$；下同。

二　调节效应检验

本节对领导数字化支持的调节效应进行了检验，结果如表 4-4 所示。模型 8 放入了控制变量和自变量数字化准备，数字化准备对创新自我效能感有显著的正向作用（$\beta=0.666$，$p<0.001$）；模型 9 显示领导数字化支持对创新自我效能感有显著影响（$\beta=0.752$，$p<$

0.001)。模型 11 显示将数字化准备、领导数字化支持，以及数字化准备×领导数字化支持交互项同时放入回归方程时，数字化准备×领导数字化支持的交互作用对创新自我效能感的影响是显著的（$\beta=0.075$，$p<0.01$），说明了领导数字化支持显著调节了数字化准备与创新自我效能感之间的关系。为了进一步说明领导数字化支持是正向调节还是负向调节作用，本节绘制了领导数字化支持调节效应图，如图 4-2 所示。由图 4-2 可知，领导数字化支持水平高代表的斜率大于领导数字化支持水平低所代表的斜率，即领导数字化支持在数字化准备与创新自我效能感之间起着正向调节作用。

表 4-4　　　领导数字化支持在数字化准备与创新自我效能感之间的调节效应检验

变量	模型 7	模型 8	模型 9	模型 10	模型 11
性别	0.150*	0.051	0.001	0.001	−0.003
年龄	0.084	0.074	0.039	0.046	0.052
学历	0.079*	−0.085	−0.055	−0.051	−0.044
行业类型	0.011	−0.046	0.028	0.005	0.003
工作年限	0.063	0.043	0.041	0.034	0.025
技术部门经历	0.056	0.038	−0.080	−0.076*	−0.075
数字化准备		0.666***		0.266***	0.290***
领导数字化支持			0.752***	0.522***	0.542***
数字化准备×领导数字化支持					0.075**
R^2	0.059	0.578	0.150	0.608	0.614
Adj R^2	0.034	0.564	0.126	0.594	0.598
F-value	2.336**	42.824***	30.285***	42.346	38.294***

领导数字化支持对数字化准备与创新自我效能感之间的调节效应图，如图 4-2 所示。

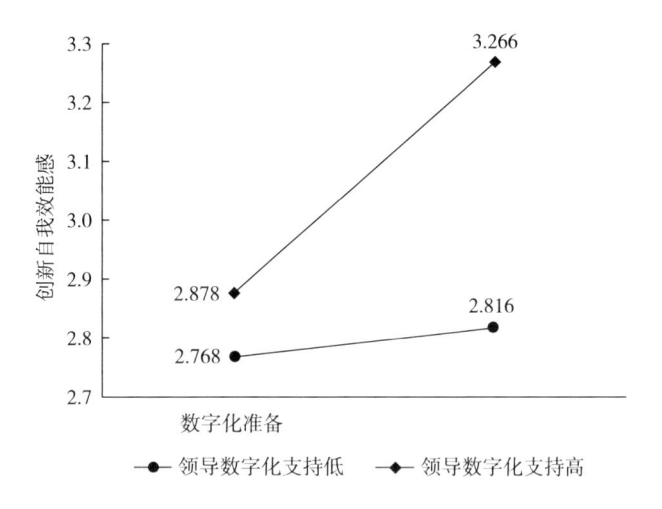

图 4-2 领导数字化支持的调节效应

由图 4-2 和表 4-4 可知,领导数字化支持在数字化准备与创新自我效能感之间起正向调节作用,即领导数字化支持水平越高,数字化准备与创新自我效能感之间的正向关系就越强;领导数字化支持水平越低,数字化准备与创新自我效能感之间的正向关系则越弱。综上所述,H4-3 得到进一步验证。

三 有调节的中介效应检验

上文已经验证了创新自我效能感在数字化准备和数字化创造力之间的中介作用,以及领导数字化支持在员工数字化准备和创新自我效能感之间的调节作用。

为了进一步验证有调节的中介效应,我们通过 Bootstrapping 抽样方法检验即检验领导数字化支持是否调节数字化准备通过创新自我效能感间接影响数字化创造力的过程。具体操作:选择 SPSS 中的 Process 插件进行验证,并根据分析结果对假设是否成立予以判定。由表 4-5 可知,领导数字化支持在数字化准备通过创新自我效能感影响数字化创造力的过程中,数字化准备与领导数字化支持的交互项显著,其置信区间不包括 0(置信区间为 [0.089,0.152])。

表 4-5　　　　　　　　　有调节的中介效应检验

变量	Boot SE	p 值	偏差校正 95% 置信区间
常数项	0.037	0.167	[-0.125, 0.021]
数字化准备	0.050	0.000	[0.125, 0.322]
领导数字化支持	0.057	0.000	[0.372, 0.599]
数字化准备×领导数字化支持	0.041	0.035	[0.089, 0.152]

由表 4-6 可知，创新自我效能感在领导数字化支持高低组之间差异显著，其置信区间皆不包含 0（低值时置信区间为 [0.031, 0.158]；高值时置信区间为 [0.051, 0.264]）。由此可见，领导数字化支持正向调节数字化准备通过创新自我效能感间接影响数字化创造力的过程，研究 H4-4 有调节的中介效应通过检验则成立。

表 4-6　　　　　　　　　　条件间接效应

中介变量	领导数字化支持	条件间接效应		
		间接效应	Boot SE	偏差校正 95% 置信区间
创新自我效能感	低值	0.089	0.032	[0.031, 0.158]
	中值	0.118	0.039	[0.049, 0.203]
	高值	0.148	0.054	[0.051, 0.264]

第六节　本章小结

本章以自我效能理论和组织支持理论为基础，考察了领导数字化支持背景下，员工数字化准备与数字化创造力的影响，并从领导数字化支持和创新自我效能感在其间的作用机制。首先引出数字化环境下，员工创造力的重要性及研究的背景和意义，理论分析，通过文献演绎推导数字化准备与员工数字化创造力，创新自我效能感在数字化准备与数字化创造力之间的中介作用，领导数字化支持的调节作用等关系假设;研究设计部分包括研究样本与数据收集、测量工具;数据分析结果包括验证性因子分析、描述性统计及相关分析结果、假设检验结果包括主效应、中介效应和调节效应的检验。

第五章 数字时代平台型领导对员工主动创新行为的影响

第一节 问题提出

在瞬息万变的市场环境下，创新决定着企业的生存与发展，而员工主动创新行为是企业维持可持续竞争优势的主要原动力，如何提高企业的创新能力已成为企业管理层面临的重大挑战之一。作为企业创新的主体，员工的创新能力决定着企业的创新水平。近年来，越来越多的企业领导者致力于鼓励和激发员工主动创新行为。21世纪，随着信息化和"互联网+"时代的到来，在云计算、大数据、物联网等技术支撑下，人类社会由工业经济时代向平台经济时代过渡。组织环境变得更加动荡，充满不确定性，原有的僵化的组织结构已经不适合平台化、虚拟化、信息化的组织形式要求。"去中心化"和"去领导化"组织变化趋势要求企业重视组织结构的变革和领导风格的情景化转变（郝旭光，2016）。在企业所面临的瞬息万变的外部环境及知识型员工崛起的时代背景下，出现了平台型领导风格。该领导风格的主要特点是通过搭建管理者与员工之间共同的事业平台，实现领导与员工之间的平等交流、彼此成全，共同进步，最终将事业平台越做越大，管理者与员工实现共赢局面。由此可见，平台经济时代，管理者如何搭建事业平台激发知识型员工的创新激情和创造性潜能已成为决定企业长远发展的关键因素。已有的研究也表明，管理者的认知和态度对员工的主动创新行为产生重要的影响，管理者对创新的重视和鼓励是激发员工主动创新行为的重要驱动力（Alhusseini and Elbeltagi，2016）。

平台型领导（Platform Leadership）将员工从事的工作作为自己与员工的共同事业，注重与员工的平等交流和相互扶持，对员工在工作过程中形成的有关新产品或者服务的创造性想法或者方案给予引导和鼓励实践其行为。此外，平台型领导与员工之间的平等交流和分享，有利于开启员工的心智模式和激发员工的创造性潜能，从而促进员工主动创新行为（朱瑜等，2018）。目前，国内外关于平台型领导对员工创新行为的相关研究还处于起步阶段，有待进一步探索。在中国本土化情境下，平台型领导对员工的主动创新行为是否有影响，以及通过哪些中间作用机制来促进员工的主动性创新行为有待进一步验证。

已有的研究表明，平台型领导强调管理者与员工彼此成全，携手前进，共同进步，鼓励员工之间共同学习交流，共享工作相关的知识、技能和经验，从而推动团队成员学习的涌现（郝旭光等，2021）；而团队学习涌现不仅可以直接激发员工的主动创新行为，还可以通过员工间知识和经验的分享，对员工的创新能力产生深刻的影响。本章中，团队学习涌现对员工主动创新行为是否产生影响？团队学习涌现在平台型领导与员工主动创新行为之间起着中介传导机制是否显著？另外，社会认知理论认为，管理者的行为风格会影响到员工创新过程中的积极性和心理效能感，从而影响后续的主动创新行为。与此同时，平台型领导不仅重视激发员工潜能，而且激励员工不断挑战自我、突破自我等行为会增强员工的创造性自我效能感，进而对其主动性创新行为产生积极的影响。本章中，创造性自我效能感对员工主动创新行为是否有影响，在平台型领导与员工主动创新行为之间的中介传导作用是否存在？

尽管平台型领导已经引起学者的热切关注，但是目前对平台型领导的研究仍处于起步阶段，存在一定的不足。首先，虽然学术界开始关注数字化、网络化、信息化等与领导理论的融合，但是将平台思维融入领导进行研究的较少，而将平台型领导作为一个整体构念进行研究的少之又少。其次，目前国内外关于平台型领导的研究文献主要是规范性的理论阐述，仅有少数学者对平台型领导的构念、维度及量表开发等进行了探索，缺乏必要的实证检验（郝旭光，2016），尤其缺乏平台型领导对员工创新行为、工作绩效表现等方面的研究。此外，平台型领导的现有文献尚未解决管理者是如何影响员工的创新行为尤其是主动创新行为的，包括平台型领导一方面如何整合员工（态度和动机等）和团队（学习氛围等）层面的两种影响路径以推动员工的主动创新行为。如果将平台型领导仅聚焦于个体层面的研究而忽略了平台型领导作为团队领导所具有的影响属性，难以系统地探讨其对员工主动创新行为的跨层次影响研究，不仅削弱理论的解释力，也会降低研究结果的外部效度。最后，现有的关于平台型领导的文献尚未解决平台型领导是如何影响员工的创新行为尤其是主动创新行为，包括平台型领导如何从个体层次和团队层次来影响员工的主动创新行为的。并且以往研究主要是从组织和个体两个层面研究员工的创新行为，而领导风格被认为组织层面影响员工创新行为的重要因素。

为厘清上述问题，基于社会认知理论和社会学习理论，本章主要探究了平台型领导与员工主动创新行为之间的关系，重点探讨了创造性自我效能感和团队学习涌现在平台型领导与员工主动创新行为之间的跨层次中介作用。基于此，本章构建了平台型领导对员工主动创新行为的跨层次影响模型，不仅丰富了平台型领导的相关文献研究，揭开了平台型领导如何影响员工主动创新行为的过程作用机制"黑箱"，而且对企业日常创新活动和管理活动提供一定的借鉴和指导。

第二节　理论分析与研究假设

一　平台型领导与员工主动创新行为

平台即事业，平台型领导是指管理者重视自身和员工的共同事业及组织利益，通过"打造平台"和"平台优化"，提高平台的质量和层次，激发自己和员工的潜能，以实现彼此成全，共同成长的一种领导风格（郝旭光，2014）。与以往的整合型领导、变革型领导、魅力型领导、包容型领导和服务型领导等相比，虽然这些领导风格的某些属性也暗含了网络化、信息化、数字化背景下平台经济时代的特性，但是平台型领导与基于互联网+、数字化平台等平台化的组织经营理念有更完整的契合性，内涵构成更明确和独特。

整合型领导强调在跨界合作中，管理者整合不同的网络和资源，通过领导要素整合、战略决策整合、关系整合、运行机制整合、保障机制整合等，对组织创新绩效有正向的促进作用（张大鹏等，2017）。变革型领导强调以领导者为核心，通过领导者自身的感召力影响下属的行为（Bass，1995）。魅力型领导通过领导者的个人魅力对追随者产生深刻的影响，树立模范形象，让员工学习并模仿（Waldman et al.，2001）。包容型领导以员工为中心，关注并满足下属的不同需求，以激发下属的潜能（Choi，2017）。服务型领导，以员工为中心，"服务第一"原则，关注员工的诉求，服务员工，使员工也能为组织服务（Emily et al.，2013）。平台型领导与其他类型领导不同之处在于，同时关注领导者和员工的利益，强调彼此成全、共同成长；将平台看作领导者和员工共同平台，通过"平台打造"和"平台优化"不断将平台做大做强，领导者和员工借助平台不断突破自我、共同成长；平台型领导并不否认其他类型领导风格中强调的领导者个人魅力，员工需求满足等视为影响员工行为的最主要方式，而是将其作为必要的实践条件（郝旭光和张嘉祺，2021）。

员工的创新行为可分为主动创新行为和被动创新行为，主动创新行为（Proactive Innovative Behavior）是指员工积极主动地承担起创新的责任，不畏艰难，创新韧性十足，勇于解决创新过程中出现的一系列难题和挑战（赵斌等，2014）。一些员工在创新过程中面临重大的技术攻关，以及创新的风险性和各种不确定性时，心理上主动选择畏惧不前，被动地从事一些小修小补缺乏重大突破的创新行为。只有不畏风险，积极主动选择创新的员工才会创新韧性十足，勇于克服创新过程中遭遇的各种技术难题和挑战，最终实现企业的突破性创新（赵斌等，2014）。

社会学习理论认为，作为企业的管理者应该给员工树立榜样，有利于激发员工的工作激情，展现出更多主动性的工作行为。研究表明，包容性领导、变革型领导、自我牺牲型领导、教练型领导等领导风格对员工的创新行为有显著的影响（徐振亭等，2020；朱瑜等，2018）。平台型领导强调领导者与员工之间的平等，共同成长，努力将事业平台做大做强。为了事业平台的发展壮大，管理者要积极帮助员工不断成长，营造良好的组织环境，增强对员工的工作支持，鼓励员工不断提升自己的工作技能、知识和经验，积极清除员工创新过程中遇到的各种障碍，提高了员工的工作积极性，激发了员工的创新潜能并积极开发新的知识、技术和能力，主动承担起风险大、不确定性强的创新任务，从而给员工提供坚强的后勤保障，促进员工的主动创新行为（魏巍等，2020）。

平台型领导强调管理者与员工之间平等交流，鼓励员工积极参与决策，主动授权给员工，有利于锤炼员工的首创精神，提高其专业知识技能（柴富成和程豹，2015）。这种追求平等和共同进步的领导风格会成为员工积极学习的榜样，不断激发员工的创新意识和好奇心，提高员工主动创新行为，而员工的主动创新行为也是实现突破性创新的主要驱动力。

此外，有些员工可能对创新缺乏兴趣和主动性，平台型领导通过营造积极的组织创新氛围，给予物质激励和精神激励，使员工转变对创新的态度，产生创新认同感，内化为主动创新行为（赵斌等，2014）。并且，平台型领导以身作则不断超越自我并鼓励员工突破自我，重视员工提出的新颖观点，针对员工各种差异化需要提供所需资源支持。营造开放、平等交流的沟通氛围，平台型领导的学识、经验和技能的分享，有利于提升员工在创新过程中的心理承受能力，激发员工的发散性思维和创造性潜能去解决各种问题。此外，平台型领导搭建的工作平台，能够为员工提供创新过程中所需的知识、技能、信息等资源支持，从而有助于促进员工主动创新行为（朱瑜等，2018）。郝旭光等（2021）通过实证研究也揭示了平台型领导对员工创新行为有积极的影响。据此，本章提出如下假设。

H5-1：平台型领导对员工主动创新行为有正向的作用。

二 创造性自我效能感的跨层次中介作用

由于员工在创新过程中面临任务结构的模糊性、挑战性和复杂性及创新结果的不确定性，只有对创新持有内在的执着信念和信心才能支撑继续创新的决心。Tierney 和 Farmer（2002）将自我效能感与员工创新能力相结合，提出了创造性自我效能感（Creative Self-efficacy）的概念即员工在从事创新活动过程中拥有积极自我信念，面临创新任务的复杂性和模糊性、结果的不可预测性和环境的动荡性，员工对任务结构有清晰的把控，深信自己不仅能产生新颖的或者创造性地解决问题的想法，还能帮助他人提出有关新产品或者服务的新颖想法和方案。由此可见，自我效能感强弱会影响员工的创新信念、行为和结果，是个体对自我创新能力的一种信心和期望。

基于社会认知理论可知，信念对个体的认知、态度和行为有重要的影响。员工在从事创新活动过程中，面临创新任务的各种困难和挑战及结果的未知性和风险性，个体的认知和信念就会对创新的态度和行为产生深远的影响。创造性自我效能感在员工面临创新过程中出现的挫折和挑战时，提供积极的心理支持和内驱力，员工则会积极乐观地去应对。员工拥有积极的信念，能够主动付出更多努力不断地摸索和实践，尝试运用新颖的方法或者创造性思维克服技术难题，激发员工的创新潜能，持续推动创新活动的突破性进展，直至创新成功（Carmeli and Schaubroeck，2007）。而且，由社会认知理论视角可知，创造性自我效能感是员工从事创新活动时重要的心理原动力，在创新过程中遇到困难和阻力会积极主动地用新知识和创造性的方法克服，持续不断地推进自己的创新活动，直至创新成功（吴士健等，2020）。由此可知，创造性自我效能感对员工的主动创新行为有积极的影响，是员工从事创新活动的内在动力（Gong et al.，2009）。创造性自我效能感高的员工自信自己不仅能够产生富有创意的想法，还能够帮助他人提出新的想法或方案，并能够创造性地解决工作中遇到的各种问题，对自己创新行为和创新结果都有积极的信念支撑（Tierney and Farmer，2002）。

研究表明，创造性自我效能感不仅会受到个体心理因素的影响，还会受到团队领导风格的影响（马璐和王丹阳，2016）。平台型领导与其他领导风格相比对员工具有独特的吸引力，平台型领导强调领导者和员工具有共同的事业平台，互相扶持、共同进步，将自己与员工共同的事业平台越做越大。为此，通过打造共同的事业平台，激发员工的工作积极性，为员工提供施展才华、展现自我的平台。通过与员工之间的平等沟通交流，对员工在创新过程中遇到的困难和挑战及时给予帮助和鼓励，增强他们创新的自信心和主动性，提高其创造性效能感，挖掘员工的创新潜能，涌现更多的主动创新行为（郝旭光等，2021）。

此外，平台型领导为了将自己与员工共同的事业平台做大做强，不仅专注自己的发展，也积极关注下属的成长。让员工主动参与到企业的日常决策活动中，主动授权给员工，共同承担责任，在团队中交流工作心得，积极听取并反馈员工的建议。这些行为能有效地表达出领导者对员工创新工作的支持和期望,领导者与下属之间形成达成一致的创新意识,增强员工的创新韧性、责任感、组织认同感和心理支撑,提高了员工的创造性自我效能感,汇聚成一股创新合力,促进员工主动创新行为(Gong et al.,2009;马璐和王丹阳,2016)。同时,领导者与员工之间的及时沟通和反馈,使领导者能够及时掌握员工创新工作的进展,对员工遇到的问题及时予以解决、引导和改进。领导者及时地、积极地反馈,增强员工面临困难和挑战的信心,提高员工的创造性效能感,激发员工的主动创新行为(李鲜苗等,2019)。

由此可见,平台型领导风格有利于增强员工的创造性自我效能感,创造性自我效能感高的员工在创新的过程中面临各种困难和挑战,有强烈的信念支撑,不畏艰难,会积极乐观地寻找新想法或方案解决问题,主动追求创新(马璐和王丹阳,2016)。据此,提出如下假设。

H5-2:平台型领导对创造性自我效能感有正向影响。

H5-3:创造性自我效能感对员工主动创新行为有正向作用。

H5-4:创造性自我效能感在平台型领导与主动创新行为之间起中介作用。

三 团队学习涌现的跨层次中介作用

Kostopoulos 等(2013)将团队学习涌现(Team Learning Emergence)定义为团队成员个体的知识结构和技能演变成团队的知识结构和技能的动态过程,这一动态过程来源于个体凭直觉感知的知识,经过进一步的解释与整合,通过集体的认知与行为最终转化成团队层面的知识。尽管团队学习出现在团队层次,但是由于团队学习过程源于团队成员个体之间的相互交流与分享(Decuyper et al.,2010),所以其受到团队和个体层次因素的影响,也影响团队和个体层次的产出。

由社会学习理论可知,企业的领导者不仅要注意到员工之间的相互影响,还应关注领导者行为对员工工作行为的影响,给员工树立榜样，使员工涌现出更多积极的工作行为。平台型领导者强调自己与下属共同进步，将共同的事业平台做大，重视与员工之间的学习交流，在团队内部分享自己的工作经验、知识技能和学习心得，鼓励员工持续学习、讨论和交流心得，激发员工对新知识及技能的学习热情，团队成员之间分享信息和学习经验，促进团队学习的出现，最终实现共同学习、共同成长（郝旭光等，2021）。并且，在这种共同学习、相互交流的学习氛围中，有利于实现"取人所长，补己所短"，实现员工之间的优势互补，实现知识溢出效应（柴富成和程豹，2015）。团队成员通过学习和交流，提高了自身关于创新过程中的知识、技能和经验的认知，为创新工作的顺利进行保驾护航，有助于激发员工主动创新行为（魏巍等，2020）。

平台型领导注重领导者与员工之间的平等交流，规章制度等约束较少，任务目标简单明晰，团队成员之间人际互动关系更加轻松愉快。在这种和谐的工作环境中，团队成员相互信任，知识分享的意愿更高，通过信息共享和技术整合等方式，实现信息与资源的交换与分享，有助于员工积极探索解决问题的最优方案，从而推动了团队学习涌现。

团队学习涌现能够给团队成员提供更多有用的知识和信息，有助于提高员工创造性解决方案的能力，且有研究表明团队学习行为对员工的创新行为有积极的影响（王莉红和顾琴轩，2011）。此外，团队成员内部之间的信息交流还能够增强发散性思维，激发员工的主动创新行为（Gong et al.，2013）。Liu 等（2013）通过研究也证明团队内部学习出现对员工的创新行为产生积极的影响。并且，团队学习涌现作为一种动态的团队互动过程，这一过程包含显性或者隐性的知识传递、知识共享与整合、技能习得和反思决策等。当团队成员更多地直接参与到团队之间的学习时，越能促使团队成员深入了解团队任务的具体运行情况，团队成员会表现出更多的主动创新行为（Walter and Van，2013）。团队成员在互动过程中，碰撞出思想的火花，知识得到整合和创造，新思路和方法更容易产生，团队间的思想更具创新性，更有利于激发员工的主动创新行为。据此，本章提出如下假设。

H5-5：团队学习涌现对主动创新行为起着正向作用。

H5-6：团队学习涌现在平台型领导与创造性自我效能感之间起中介作用。

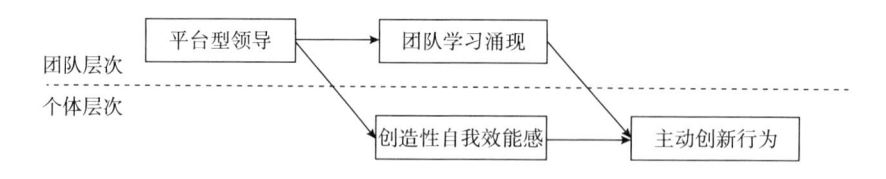

图 5-1 平台型领导影响员工主动创新行为的跨层次模型

第三节 研究设计

一 研究样本及问卷收集

本章采用问卷调查法多来源获取研究所需数据，包括员工问卷和领导问卷，采用领导—员工配对方式进行问卷收集。研究人员将具有对应编码的员工问卷和领导问卷分别发放给员工和部门领导。员工和领导者填完问卷后直接装入信封袋并密封好信封袋。平台型领导基于平台型经济背景下以及知识型员工崛起趋势下提出的顺应时代发展要求的一种领导风格。为了降低样本同源偏差和提高样本代表性，本章多渠道多来源收集样本，选取了不同地区、不同行业、不同产权性质的企业。样本企业主要是传统制造业与数字化、网络化或者智能化紧密结合的企业，互联网企业及建立数字平台企业等，主要包括 IT、金融、制造、房地产、生物制药等行业，主要分布在苏州、广州、深圳、上海、武汉、北京、长沙等城市。这些被调研的对象，一些是武汉大学在读的 MBA 和 EMBA 学员，一些是作者本科、硕士、博士同学，以及所带的已毕业的本科生和研究生。这些研究对象具备较高的个人素质，并且渴望领导者与员工之间建立平等与共享的关系，符合知识型员工和平台型领导的特征与定义。

本章向11家企业的28个团队发放28份主管问卷，238份员工问卷剔除无效问卷，最终收回24个团队的24个团队主管问卷（有效回收率为85.71%）和211份员工问卷（有效回收率为88.65%）。在211份有效员工样本中，性别比例构成上，男性为60.02%，女性为39.98%；年龄结构上，30岁及以下为30.16%，31—40岁为49.43%，40岁以上为20.41%；学历构成上：本科及以下学历为79.20%，本科以上学历为20.80%。团队规模：平均规模8.8人，团队成员人数5—11人。

二 工具测量

为了保证测量工具的有效性，本章平台型领导、主动创新行为、创造性自我效能感，以及团队学习涌现等变量的量表均来自国内外主流期刊上公开发表的研究文献，本节结合中国情境和企业自身特点，对部分英文量表通过"回译"方式对研究条目进行适当的修改、完善，以确保量表在中国情境下的适用性和效度。

（1）平台型领导：目前对平台型领导研究还处于起步阶段，但是国内学者郝旭光等（2021）和辛杰等（2020）基于本土化情境下，已经开发出平台型领导有关的量表，具备较高的信度和效度。辛杰等（2021）关于平台型领导有22个题项，主要包括5个维度，总体Cronbach's α 系数为0.938；本节采用郝旭光等（2021）关于平台型领导的量表，有25个题项，代表题项如"我的领导鼓励下属在解决问题时不断寻求新的思路和方法""我的领导不断学习先进的专业知识和领导技能"。问卷采用Likert 5点量表。经过探索性因子分析得到25个题项，量表Cronbach's α 系数为0.937。

（2）主动创新行为：采用赵斌等（2014）基于中国本土化情境下，员工主动创新行为的量表，共22个题项。代表题项如"对创新有浓厚的兴趣，发自内心想要创新""在创新中出现问题时，主动与各方面协调，寻求解决方案"等。问卷采用 Likert 7 点量表。量表 Cronbach's α 系数为 0.938。

（3）创造性自我效能感：采用 Carmeli 和 Schaubroeck（2007）编制的量表，有 8 个题项，问卷采用 Likert 5 点量表。代表题项如"我相信我能在我下定决心的任何创造性的努力中取得成功""即使在困难的时候，我也可以表现得很有创造力"。该量表中 Cronbach's α 系数为 0.920。

（4）团队学习涌现：采用 Kostopoulos 等（2013）编制的量表，有 12 个题项。代表性题项如"我们团队在执行任务的同时也在分享信息、观点和结果"。问卷采用 Likert7 点量表。在本节中，Cronbach's α 系数为 0.932。

此外，已有研究证实，员工的年龄、性别、工作年限、学历等个体层次变量对员工的主动创新行为有影响，本节还将团队规模（团队人数）作为团队层次的控制变量。

第四节　变量的统计性分析

一　验证性因子分析

为了考察平台型领导、团队学习涌现、创造性自我效能感、主动创新 4 个潜变量的聚合效度（Convergent Validity）和区分效度，我们采用结构方程模型对领导—员工配对的数据进行验证性因子分析，比较各种因子模型的拟合优度。结果表明，四因子模型中各因子的因子负荷及 t 值均达到了 0.05 以上的显著性水平，并无不恰当解，可见本节涉及的几个变量均具有较好的聚合效度。同时，我们通过对 4 个模型进行比较来考察各个因子模型的区分效应。如表 5-1 所示，与其他模型相比，四因子模型中的 $\chi^2/df = 2.64 < 3$，$CFI = 0.94 > 0.9$，$SRMR = 0.06 < 0.08$，$TLI = 0.93 > 0.9$，$RMSEA = 0.06 <$

0.08,说明四因子模型具有较好的拟合效果和配适度,而其他因子模型皆不满足统计学意义上的拟合优度标准。

表 5-1　　　　　　　　变量的验证性因子分析结果

模型	因子	χ^2	df	χ^2/df	CFI	SRMR	TLI	RMSEA
四因子模型	PL;TLE;CSE;RC	2670	1011	2.64	0.94	0.07	0.93	0.06
三因子模型	PL+TLE;CSE;RC	3570	1109	3.21	0.88	0.09	0.87	0.10
三因子模型	PL;TLE+CSE;RC	3589	1138	3.15	0.77	0.11	0.89	0.09
二因子模型	PL+TLE;CSE+RC	3956	1210	3.27	0.51	0.15	0.52	0.13
单因子模型	PL+TLE+CSE+RC	4985	1272	3.91	0.45	0.16	0.41	0.14

注：PL 表示平台型领导；TLE 表示团队学习涌现；CSE 表示创造性自我效能感；RC 表示突破性创新；+表示变量的合并。

二　团队层面的数据聚合检验

本研究模型包括个体层面和团队层面。本节通过检验 RWG 和组间变异性（ICC）以支持团队层次变量平台型领导与团队学习涌现的数据聚合。数据计算显示，平台型领导的 RWG = 0.087，ICC（1）= 0.19，ICC（2）= 0.80；团队学习涌现的 RWG = 0.85，ICC（1）= 0.18，ICC（2）= 0.78 均满足统计学聚合标准要求，即 RWG>0.70，ICC（1）>0.12，ICC（2）>0.70。因此，平台型领导与团队学习涌现均呈较强的内部一致性和显著的组间变异性，本节可以通过跨层次分析对数据进行相关的统计分析。

三　变量的描述性统计分析和相关性分析

表 5-2 提供了本书涉及的各主要研究变量的均值、标准差及相关系数。创造性自我效能感与员工主动创新行为呈显著的正相关关系（$r=0.210$，$p<0.01$），创造性自我效能感与学历显著正相关（$r=0.075$，$p<0.05$），平台型领导与团队学习涌现显著正相关（$r=0.675$，$p<0.01$）。这些相关性分析结果与本章提出的平台型领导、团队学习涌现、创造性自我效能感与员工主动创新行为有

关假设初步得到验证,其他理论假设还须进一步通过回归分析进行验证。

表 5-2　　各变量的均值、标准差和相关性分析

变量	均值	标准差	1	2	3	4	5	6
个体层次:								
性别	0.590	0.491	1					
年龄	31.613	5.401	0.196	1				
工作年限	3.892	0.593	0.123	0.101	1			
学历	1.752	0.674	−0.123	−0.330	−0.190	1		
创造性自我效能感	3.591	0.594	0.083	−0.032	0.068	0.075*	1	
主动创新行为	4.882	1.101	0.056	−0.076	0.145*	0.132**	0.210**	1
团队层次:								
团队规模	5.294	2.156	1					
平台型领导	3.632	0.389	0.158*	1				
团队学习涌现	5.193	0.860	0.231	0.675**	1			

注: $*p<0.05$; $**p<0.01$(双尾检验)。

第五节　假设检验

一　创造性自我效能感的跨层次中介效应检验

为了检验创造性自我效能感的跨层次中介作用,本节运用 HLM 软件进行多层线性分析,实证结果如表 5-3 所示。模型 4 显示平台型领导对员工的主动创新行为有显著的正向作用($\gamma_{01} = 0.325$, $p<0.01$),H5-1 通过检验。模型 2 显示平台型领导对创造性自我效能感产生显著的正向作用($\gamma_{01} = 0.471$, $p<0.01$),H5-2 得到验证;模型 5 显示创造性自我效能感对员工的主动创新行为有显著的正向影响,H5-3 通过验证;而且当将平台型领导与创造性自我效能感

同时放入模型以解释对员工主动创新行为的影响时,平台型领导对员工主动创新行为的影响系数显著减低(模型4:$\gamma_{01}=0.325$,$p<0.01$→模型5:$\gamma_{01}=0.192$,$p<0.01$)。由此可知,创造性自我效能感在平台型领导与员工的主动创新行为之间起着部分中介作用,H5-4通过验证。

表5-3 创造性自我效能感的跨层次中介效应的多层线性分析

变量	创造性自我效能		主动创新行为		
	模型1	模型2	模型3	模型4	模型5
截距项(γ_{00})	4.211**	2.653**	5.120**	3.011**	2.819**
个体层次:					
性别	0.045	0.430	0.512	0.678	0.057
年龄	0.103	0.097	0.112	0.322	0.029
工作年限	0.032	0.031	0.029	0.048	0.035
学历	0.031	0.029	0.027	0.056	0.048
团队层次:					
团队规模	0.063	0.051	0.061	0.054	0.041
平台型领导(γ_{01})		0.471**		0.325**	0.192**
创造性自我效能(γ_{10})					0.023**
组内方差 σ_2	0.272	0.261	0.223	0.245	0.194
组间方差 τ_{00}	0.712	0.523	0.411	0.663	0.210

注:**$p<0.01$;σ_2是层1的残差,τ_{00}是层2的截距残差;下同。

二 团队学习涌现的跨层次中介效应检验

团队学习涌现的跨层次中介作用检验结果如表5-4所示。模型2显示团队学习涌现对员工的主动创新行为有显著的正向作用($\gamma_{10}=0.371$,$p<0.01$),H5-5通过检验;并且,平台型领导对员工主动创新行为产生显著的正向影响,在表5-3的模型4已得到验证,表5-2中相关性显示平台型领导与团队学习涌现之间具有显著的正向相关关系($r=0.675$,$p<0.01$);此外,当将平台型领导与团队学习涌现同时放入模型中以解释对员工主动创新行为的影响

时,平台型领导对员工主动创新行为的影响系数显著减低(模型3:$\gamma_{01}=0.430$,$p<0.01$→模型4:$\gamma_{01}=0.290$,$p<0.01$),团队学习涌现对员工的主动创新行为有显著的正向影响($\gamma_{10}=0.124$,$p<0.01$)。由此可知,团队学习涌现在平台型领导与员工主动创新行为之间起到部分中介作用,假设 H5-6 通过验证。

表 5-4　团队学习涌现的跨层次中介效应的多层线性分析

变量	模型 1	模型 2	模型 3	模型 4
截距项(γ_{00})	5.120**	2.152**	3.195**	1.286**
个体层次:				
性别	0.512		0.083	0.072
年龄	0.112		0.064	0.055
工作年限	0.029		0.390	0.353
学历	0.027		0.457	0.378
团队层次:				
团队规模	0.061	0.045	0.052	0.041
平台型领导(γ_{01})			0.430**	0.290**
团队学习涌现(γ_{10})		0.371**		0.124**
组内方差 σ_2	0.223	0.281	0.271	0.233
组间方差 τ_{00}	0.411	0.093	0.085	0.062

第六节　本章小结

本章基于社会认知理论和社会学习理论,以 24 个团队 211 名员工为研究对象,探讨了平台型领导对员工主动创新行为的跨层次影响。问题的提出、选题的背景和研究意义,理论分析与研究假设主要包括平台型领导与员工主动创新行为、创造性自我效能感的跨层次中介作用、团队学习涌现的跨层次中介作用;研究设计部分包括研究样本及问卷收集、工具测量；实证结果分析包括验证性因子分析、团队层面的数据聚合检验、变量的描述性统计分析和相关性分析、创造性自我效能感和团队学习涌现的跨层次中介作用等。

第六章 数字领导力对员工主动创新行为的影响机制

第一节 问题提出

大数据、人工智能、5G、云计算等新一代数字技术的广泛使用促使工业革命百年来形成的生活方式和经济体系发生深刻变革，全球企业围绕如数字技术赋能、数字化转型，以及数据安全等数字经济关键领域加快部署，"工业4.0"时代席卷而来（中国电子技术标准化研究院，2021.9）。越来越多的企业通过制定数字化战略进行数字化转型，挖掘并抓住新的数字机遇。美国盈利最高的公司榜单中一半以上是自2000年后崛起的科技和通信公司，如谷歌、苹果、Meta（原名Facebook）等。2021年全球47个国家数字经济增加值占GDP比重超过45%，全球大部分企业开始了数字化转型进程（《全球数字经济白皮书（2022）》）。在当前VUCA的环境下，企业的数字化转型迫在眉睫。

数字化转型意味着传统组织结构向虚拟组织结构的转变。所以，面临数字化时代的到来，"要么创新，要么死亡"。创新决定着企业的生存与发展。员工作为组织中的创新实施主体，其创新行为构成

第六章
数字领导力对员工主动创新行为的影响机制

了组织中的创新和内部创业的微观基础（Felin et al., 2015），是企业创新成功的关键，直接影响企业的创新绩效，甚至是企业的生存与发展。然而，许多企业面临领导者无法有效激发员工创新意愿的问题，这进而导致企业创新效能不能得到有效提升，因此，员工创新行为的相关影响因素及作用机制成为当前学者研究的重点。

西方学者的主流观点是将员工创新行为解释为员工出于自发的、主动的创新行为，很少解释为被动创新行为，认为员工的创新必然会给组织带来好的结果。而中国学者赵斌等（2014）针对在中国本土化情境管理实践中存在的员工应付性、权宜性、服从性的创新现象，创造性地将将员工创新行为分为被动创新行为和主动创新行为，并提出只有主动创新行为才能实现长期的创新目标，提供长期的累积效应。员工主动创新行为概念提出后，学者从个人动机、情绪等，以及组织的领导风格和组织管理模式等多方面探讨了员工主动创新行为的影响因素。然而数字化时代出现新的领导风格对员工创新行为带来哪些影响，如数字领导力对员工主动创新行为的影响目前还处于起步探索阶段。

当前由信息技术时代（IT）向数字化时代（DT）转变，对组织现有的管理方式，领导者自身的管理能力、领导者应对数字化带来的变化等各方面提出了挑战。数字化从根本上改变了企业的产品开发、生产方式（Frank et al., 2019），重塑了当前的客户价值主张，转变了企业的商业运营模式（Berman, 2012），为企业提供了创新的无限可能。充分利用数字技术提供的创新机会，通过数字化转型不断调整组织结构，适应市场变化，向数字化业务转型，才能够为企业提供源源不断的竞争力。并且领导力是支持组织创新和变革的关键因素，领导者是企业内部数字文化形成的主要塑造者（Cortellazzo et al., 2019）。数字化转型要求领导者站在组织寻求数字创新的最前沿，应对新兴的数字平台、数字产品和服务需求的快速增长，以及不断联结的用户等数字化主导的挑战（Zulu et al., 2021; El Sawy et al., 2020）。除此之外，新一代信息技术的使用改变了组织中的信息生成和分布，也改变了现有的组织结构。组织内部各部门领导者和员工交往的方式也随之发生了根本性的改变（Avolio et al., 2003）。面对数字化时代带来组织环境的巨变，作为组织的管理者不得不通时合变，有效地运用信息技术、数字技术，甚至虚拟沟通等手段，保持组织灵活性，保障组织的高效运行（巨彦鹏，2021）。此外，员工作为组织数字化技术的关键使用者和数字化转型的重要主体，其态度和行为关乎组织数字化转型的成败。因此，在当前数字经济蓬勃发展的社会环境下，组织中管理者的数字领导力不可或缺。

数字领导力（Digital Leadership）是在数字化时代，组织的管理者以利用数字技术为媒介，整合数字化资源，激励、影响员工不断实现个人目标和组织目标的一种新型领导风格。数字领导力强调管理者能够为员工提供必要的资源支持（Kiyak and Bozkurtb, 2020），选择和利用先进的数字技术，协调、指导员工完成工作任务，同时创造信任和支持的沟通氛围，从物质和情感上让员工充分感知组织的支持（汤伟娜等，2017）。为领导者营造良好的创新组织氛围，员工将进行积极的创新行为回报组织（严姝婷和樊传浩，2020）。此外，数字领导力要求领导者秉持信息透明的原则，鼓励员工提出新想法，并对此给予反馈。这种支持性行为可能激发员工的工作兴趣和内在动机，为"自发的"主动创新行为创造条件（Kiyak and Bozkurt, 2020）。目前，国内外学者关于数字领导力对员工主动创新行为影响的相关研究仍处于起步阶段，需要进一步探索。在中国情境下，数字领导力对员工主动创新行为有怎样的影响，以及存在何种中间作用机制，有待进一步验证。

有研究指出，创新自我效能感是企业管理者影响员工创新行为的重要变量（李玲等，2022）。员工对领导者的行为和所处的工作环境形成固有的认知，进而影响员工的行为决策。为了促进组织的变革，数字领导力要求领导者为员工创造知识共享、信息透明的工作环境，为员工提供宏伟的愿景和目标，并提供充分个性化指导，鼓励员工提出更多创新的想法并作出较多的尝试（Kiyak and Bozkurt,

2020），并且领导者更愿意主动承担创新失败的风险，因而能够极大地提升员工的创新自我效能感（李朔等，2020），从而促进员工主动创新行为的产生。本书旨在探究创新自我效能感是否对员工主动创新行为产生影响，以及是否在数字领导力对员工主动创新行为的影响机制中扮演着怎样的角色。同时，数字领导力一方面要求满足员工的心理需求，提供资源支持，又能够尊重员工的个人价值和贡献，听取员工意见，使员工表现出较高的内部人身份认知水平（龙立荣和陈琇霖，2021），而内部人身份认知越高能够使个体感受到组织更多的支持和帮助，进而降低工作过程中的风险感知程度和风险规避水平，在遇到问题和挫折时积极寻求解决方案和办法（刘兵和刘培琪，2020）。因此，本书将纳入内部人身份认同，揭示了数字领导力影响员工主动创新行为的中介作用机制。此外，主动性人格作为一种特定的人格特质，将影响其对事物的认知和环境的看法，最终影响其行为的发生（毛畅果和孙健敏，2013）。因此，本章使用主动性人格作为调节变量，分析不同水平主动性人格的员工如何应对数字领导力的影响。

综上所述，本章构建了数字领导力对员工主动创新行为影响的理论模型，纳入了创新自我效能感，内部人身份认知、主动性人格，揭示数字领导力对员工主动创新行为的影响的中介传导机制和边界作用条件。

第二节 理论分析与研究假设

一 数字领导力与员工主动创新行为

数字领导力是在数字化时代，领导者以数字技术为媒介，整合资源，激励、影响员工不断实现个人目标和组织目标的领导风格（刘追、闫舒迪，2015）。Vanwart等（2019）定义了数字领导力的六大胜任力模型，认为数字领导力要求领导者具有较强的数字沟通技能（沟通清晰、避免信息超载等）、数字社交技能（较强的团队互动、定制沟通，以及在适当的时候使用社交媒体）、数字团队建设技能（增强凝聚力的活动、责任保证、认可和发展机会）、数字变革管理技能（预先计划过渡、监控成功和在实施时改进技术）、数字技术技能（技术开发意识、混合方法的能力、处理故障的能力），为员工提供适当水平的技术保证，以及数字化可信度构建的能力（对领导者产生信任感），保持工作与生活的平衡，确保多样性，促进合作等能够带来积极的结果，如更高的个人生产力和更高的员工满意度（Vanwart et al.，2019）。数字领导力融合先进的数字技术和传统领导能力，能够通过虚拟沟通实现与员工之间互动和沟通，提供充足的时间和资源并给予员工及时、有效的个性化反馈与指导，从而促使员工产生积极的工作态度和行为（刘追等，2018）。研究表明，数字领导力对员工敬业度、员工满意度、组织支持感、工作动机、工作绩效（Wiradendi，2020）等有显著影响。

为了适应数字技术广泛应用带来不断变化的市场环境的需求，一种新型的领导风格呼之欲出。数字化背景下，原有的变革型和创业型领导都遵循领导者制定未来愿景的核心理念，而数字领导力基于这两种领导风格上演化而来的，兼具二者特征（Hensellek，2020）。其中，变革型领导由理想化的影响（在质量和行为方面的榜样作用）、鼓舞人心的动机、智力激励，以及个性化的支持四个要素构成，能够很好地促进员工实施创新行为；创业型领导通过主动设立愿景的方式来号召、动员员工，强调不确定新环境下的机会识别与运用，提出合理化建议，并且具有较强抗压能力，勇于承担风险，因而能够支持员工的突破和创新（李朔等，2020）。然而，数字领导力并不是二者的简单加和，相较于传统领导风格和特质，数字领导力更强调协作性，并且在信息和知识共享方面更加透明（Kiyak and Bozkurt，2020）。

数字技术的广泛应用带来了商业竞争性质变化，组织结构和业务流程发生了根本性变革，工作任务更需要员工独立决策、自我激励、主动学习，工作责任增加，创新要求进一步提高，这些变化都要求员工从"被动反应"转向"主动求新"。而创新的内在激励性、不确定性和复杂性等特性对员工提出了新的挑战，需要员工采取更加主动的创新行为模式，这样的创新行为能够带来更高质量的创新绩效（赵斌等，2014），更加适应数字化时代的工作性质。主动创新行为是指员工积极主动地承担创新责任，不畏艰难，创新韧性十足，勇于解决创新过程中出现的一系列难题和挑战（李玲等，2022）。根据社会认知理论，环境会刺激个体调整内在认知，继而转化为个体相应的外部行为（Bandura，1986）。领导者的态度和行为对员工的工作认知和态度有潜移默化的影响。在创造性活动中，员工通过观察领导者的创新性表现可能表现出相同或相似的行为（黄勇等，2021）。因此，领导者以身作则，为员工树立观摩和学习的榜样，有效激发员工的工作热情，涌现更多的主动性行为（李玲等，2022）。研究证实，变革型领导和创业型领导对员工创新行为有显著影响（Newman et al.，2018；郭衍宏等，2021）。

数字领导力要求企业管理者利用数字技术加强团队成员尤其虚拟团队中的有效沟通，使信息和知识共享更加透明，同时为员工建立值得信任的、安全的工作环境。领导者积极营造良好的数字化组织文化氛围，促进部门之间跨职能的协作，鼓励员工主动分享和吸收各种信息、知识和经验，积极获取内部和外部知识分享与交流的机会（Nambisan et al.，2019）；给员工提供各种资源支持，提高工作积极性和自主性，激发员工的创造性思维，促进员工主动创新行为。

数字领导力为员工提供清晰的数字化愿景（发展目标），强调适应新环境、识别新机会、持续地创新和变革，同时对角色宽度更加开放，不惧创新失败的风险，勇于主动承担创新失败的责任。一个清晰的、鼓舞人心的并且被员工所了解的愿景能够促使员工认清工作意义和目标，激发员工对未来的憧憬和实现愿望的强烈动机（王兆证和周路路，2015）。除此之外，这种领导风格以自身创新行为作为员工榜样，对于创新风险的积极承担和对创新失败的宽容态度等特质将激发员工更多的主动创新行为。

数字领导力要求领导者通过数字平台、数字组件，以及数字基础设施等数字技术为员工及时提供各种个性化支持，能够随时随地与员工进行一对一的互动与沟通，给予及时的反馈、帮助和指导（刘追等，2018）。数字技术提高了组织获取、控制和管理资源的能力（Verhoef et al.，2021），数字领导力能够利用数字技术消除妨碍创新资源获取的结构性障碍（Lanzolla et al.，2021），有助于实现组织内的资源协作和创新，有利于增强员工控制资源的能力，从而开发更多创新资源，为主动的创新行提供物质保障。此外，数字领导力要求领导者鼓励员工提出新想法和新观点、积极尝试和接受新鲜事物，有时通过社交媒体和移动聊天软件等为员工提供及时的反馈和个性化的指导，引导员工更好地应对创新过程中的各种挑战。因此，数字领导力能够为员工提供积极的心理准备和资源支持，促进员工的主动创新行为。由沉浸理论可知，员工在领导的数字化支持和鼓励下，从事自己热爱的工作并沉浸其中，达到忘我的状态，创造新的事物和观点，体现主动创新行为。据此，本章提出如下假设。

H6-1：数字领导力正向影响员工主动创新行为。

二 创新自我效能感的中介作用

研究表明，个体的自我效能感可以促进个体的学习和坚持，有助于克服主动性行为所遇到的障碍，促进主动性行为的产生（Parker et al.，2019）。Tierney 和 Farmer（2002）的研究，创新自我效能感高意味着即使在面对 VUCA 环境中创新任务的复杂性和模糊性、结果不可预测性、环境动荡性时，员工也能更加自信地把握任务结构，提出新颖的想法和方案。因此，创新自我效能感对员工的创新信念、行为和结果具有积极的影响（李玲等，2022）。

根据社会认知理论可知，自我效能感是激发员工能动性的重要动力（Bandura，1986）。因而，创新自我效能感可能促使员工产生更多的创新行为。首先,在从事创造性活动时,具有较高创新自我效能感的个体对自我的知识和技能拥有足够的信心,能够迎接参与创造性活动所带来的挑战,尝试使用新方法或创造性思维克服难题,这将使个体产生更多的创造性认知过程,激发个体的创新潜能,识别问题并产生创造性的解决方法(李玲等,2022)。其次,在面对创新过程中遇到的挑战和不确定性时,创新自我效能感高的员工更有可能将挑战视为机遇并坚持不懈(Newman et al.,2018),积极主动地运用新知识和新方法不断推进创新活动直至成功(李玲等,2022)。因此,创新自我效能感能够对员工主动创新行为产生积极的影响。

现有文献表明,领导风格对员工的创新自我效能感有显著的影响(Jan et al.,2022)。数字领导力对增强员工创新的自信心、积极性和自主性有积极的影响。首先,数字领导力要求领导者重视组织内部知识、信息的透明和跨职能协作,强调为数字环境下团队的有效沟通提供良好的数字化组织文化氛围,并加强组织内部资源的有效协作,使员工感受到获取和利用知识、信息和经验的便捷性,为员工提供其他创新所需的资源,以应对创新过程中出现的难题。其次,数字领导力要求领导者帮助员工识别创新机会,且愿意主动承担责任,鼓励员工提出新的想法,积极听取员工的新想法并提供及时和持续的反馈,以及个性化的指导(Kiyak and Bozkurtb,2020)。因此,拥有数字领导力的领导者能够使员工感受到管理者提供的创新支持和创新期望,增强了员工的创新性、责任感、组织认同和心理支撑,提高员工从事创新活动的自信心和主动性,即增强了员工的创新自我效能感,从而产生更多的主动创新行为(Javed et al.,2021;李玲等,2022)。

综上所述,领导的认知和行为会影响员工的创新自我效能感,经过上述梳理可知,数字领导力对创新自我效能感有积极的影响,而创新自我效能感高的员工拥有积极的心理情绪,在面对创新过程中的挑战性任务时能够积极乐观地寻求新的解决方案和工作流程,产生主动创新行为。以往研究也证实创新自我效能感在变革型领导、包容型领导、创业型领导与员工创新行为之间的关系（黄秋风等，2017；Javed et al.，2021；李朔等，2021）。由此可知，提出以下假设。

H6-2：数字领导力正向影响创新自我效能感。

H6-3：创新自我效能感正向影响员工主动创新行为。

H6-4：创新自我效能感在数字化领导与主动创新行为之间发挥中介作用。

三　内部人身份认知的中介作用

由前文可知，个体的认知对态度和行为有重要的影响，也是影响主动创新行为的重要因素。内部人身份认知是员工对自身在组织内部身份的感知程度，反映了员工对组织的归属感。内部人身份认知的高归属感和认同感促使员工打破角色边界，以"主人翁"的角色、开放的态度参与超越自身工作职责的活动，从而激发他们主动地从事具有挑战性的利组织性工作，涌现出创新行为（王雁飞等，2014）。内部人身份认知水平高的员工能够意识到组织对自身的认可和尊重，满足了其"主人翁"身份的情感性承诺和归属需要（Wang and Kim，2013），更愿意主动采取对组织有益的角色外行为回报组织。同时，作为组织"主人翁"的高度使命感和责任感也提高了员工工作的积极性和主动性，使其更容易表现出前摄性行为并进行冒险创新（丁道韧等，2017），为主动性的创新行为创造前提；高内部人身份认知还意味着个体可能拥有更多的资源，包括领导者更多的授权、组织更多的支持和广阔的人脉等，并且善于将这些心理资源和现实资源有效利用和转化，从而为员工的主动创新行为奠定了资源基础（姜诗尧等，2019）。由此可知，内部人身份认知使员工具有主动创新的行为意愿和资源基础，更易产生主动创新行为。

领导者对待员工的态度和行为是内部人身份认知的重要影响因素。数字领导力要求领导者同时具有传统领导技能（愿景、战略、信任、授权）和新兴数字领导技能（数字素养、好奇心、适应性），员工的内部人身份认知水平会受到具备数字领导力的领导者与其良性互动的影响。首先，数字领导力要求关注每位员工的价值，为员工提供多样性的支持和个性化反馈，在员工遇到困难时利用数字化沟通方式及时进行沟通和指导（Verhoef et al., 2021）。这种反馈和指导同时也蕴藏领导者对员工发展的期望，员工倾向于产生受到关心和鼓励的积极体验，从而容易拉近上下级之间的心理距离，强化了员工作为"圈内人"的认知（刘兵和刘培琪，2020）。其次，数字领导力要求领导者为员工建立更加透明的知识和信息共享环境，促进员工之间的互动、有效沟通与协作。同时，保证数字化信任环境的构建，在数字化环境中利用数字技能创建诚信、公平、一致性的组织信任氛围并重视网络安全建设，使员工更易获得"参与感"和"心理安全感"（屠兴勇等，2017）。此外，高质量的领导—成员交换能够向员工释放积极信号，有利于员工内部人身份认知的形成。管理者利用数字技术和数字管理能力等与员工建立良好的上下级关系，有利于增强员工的内部人身份认知。

综上所述，数字领导力对员工内部人身份认知有积极影响，而内部人身份认知高意味着员工具有较强的行为意愿，管理者能够给予丰富的资源支持，激励其积极地、主动地为回报组织而追求冒险的创新行为。据此，本章提出如下假设。

H6-5：数字领导力正向影响内部人身份认知。

H6-6：内部人身份认知正向影响员工主动创新行为。

H6-7：内部人身份认知在数字领导力与主动创新行为之间起着中介作用。

四 主动性人格的调节作用

主动性人格是一种相对稳定的人格特质，具有主动性人格的个体不受外部环境力量的约束并适应和塑造周围环境（Bateman and Crant, 1993）。人格特质间的差异会使个体的认知及行为产生明显差异。高主动性人格的个体自信心较高，同时，拥有较高的自我价值的追求，喜欢主动改变和塑造环境，主动发现和解决问题，并在达成目标的过程中不断调整；低主动性人格的个体则被动地适应环境，以消极的态度面对问题，期待事物的主动变化以适应环境而不是主动作出改变。互动视角表明，当个体特征差异明显时，领导风格等情境因素往往会对个体认知产生更大影响。也就是说，员工的个体特征决定了管理行为的有效性（Li et al.，2021）。数字领导力是一种能够产生积极影响的领导能力，其要求领导者为员工提供高度协作性的、信任良好的、积极沟通与反馈的、充分支持的组织环境（Javed et al.，2021）。高主动性员工在这种情况下会围绕自己的目标积极吸收和利用这些有利条件，充分吸收组织内部个体分享的有效知识和信息，重视上级的发展性反馈，并充分利用组织所提供的各种资源和良好协作氛围，加强自身各方面的能力，从而增强自身面对创新的不确定性时的自信，产生更高的创新自我效能感。而低主动性人格者会被动地接收信息，在心理和行为上主动作出改变的意愿较低。基于此，提出如下假设。

H6-8：主动性人格正向调节了数字领导力与创新自我效能感之间的关系。

另外，高主动性人格员工倾向于追求自我价值的实现，面对组织和领导者丰富的支持时，他们积极利用并寻求反馈，与领导者建立良好关系，成为组织中有价值的个体（Campbell，2000），因而能够加强他们作为组织内部成员的感受；同时，领导者提供的资源和支持能够使其产生更高的工作满意度，从而更易产生对组织的情感性承诺，进而产生对组织的较强归属感，继而增强个体对内部人身份的认知水平。对于低主动性人格个体而言，他们不会主动地接收支持应对压力，因而情感性承诺水平也较低。因此本节推测，员工的主动性人格水平越高，数字领导力对员工创新自我效能感和内部人身份认知的促进作用越强；主动性人格水平越低则促进作用越弱。由此，本章提出如下假设。

H6-9：主动性人格正向调节了数字领导力与创新自我效能感之

间的关系。

五 被调节的中介

根据假设 H6-1—H6-9 的理论推导过程，本节认为，主动性人格不仅调节数字领导力与员工创新自我效能感、内部人身份认知的关系，还会调节创新自我效能感、内部人身份认知在数字领导力与员工主动创新行为之间的中介效应。

具体而言，高主动性人格个体倾向于主动发现和解决问题、改变和塑造环境；而低主动性人格个体消极被动地面对问题、适应环境。对于高主动性人格的员工而言，面对数字领导力带来的领导者的资源和工作方面的支持和帮助，他们倾向于主动吸收和利用，增加自身解决问题的可能和自信，在此基础上更可能作出主动创新行为。可见，数字领导力以员工的创新自我效能感为中介影响员工主动创新行为的作用提高，即员工主动性人格水平较高时，会强化数字领导力对其心理活动影响的部分功能，创新自我效能感受数字领导力的影响会加强，主动创新行为也会随之增加；同时，低主动性人格员工面对领导者的在工作上的支持可能安于现状、无动于衷，更不会主动利用资源和支持进行创新，因而数字领导力以员工的创新自我效能感为中介影响员工主动创新行为的作用降低，即员工主动型人格水平较低时，会削弱数字领导力对其心理活动的影响，创新自我效能感受数字领导力的影响会降低，主动创新行为进而减少。基于此，本章提出如下假设。

H6-10：主动性人格正向调节创新自我效能感在数字领导力与员工主动创新行为之间关系的中介作用。

对于高主动性人格的员工而言，他们在追求自我价值的过程中积极接受和利用数字领导力带来的各种资源和支持，成为组织中有价值的个体，同时与领导者保持着良好的交换关系，工作满意度较高，从而容易对组织产生归属感，强化其内部人身份认知水平，在此基础上，更容易产生对组织有益的主动创新行为。可见，数字领导力以员工的内部人身份认知为中介影响员工主动创新行为的作用提高，即员工主动性人格水平较高时，内部人身份认知受到数字领导力的影响会加强，主动创新行为随之增加；同时，低主动性个体被动消极地接受组织的支持，难以产生对领导者和组织的情感性承诺，因此无法产生内部人身份的感受，也不会主动作出改变现状的、有利于组织发展的行为，因而数字领导力以员工的内部人身份认知为中介影响员工主动创新行为的作用降低，即员工主动性人格水平较低时，内部人身份认知受到数字领导力的影响降低，主动创新行为减少。基于此，本章提出如下假设。

H6-11：主动性人格正向调节内部人身份认知在数字领导力与员工主动创新行为之间关系的中介作用。

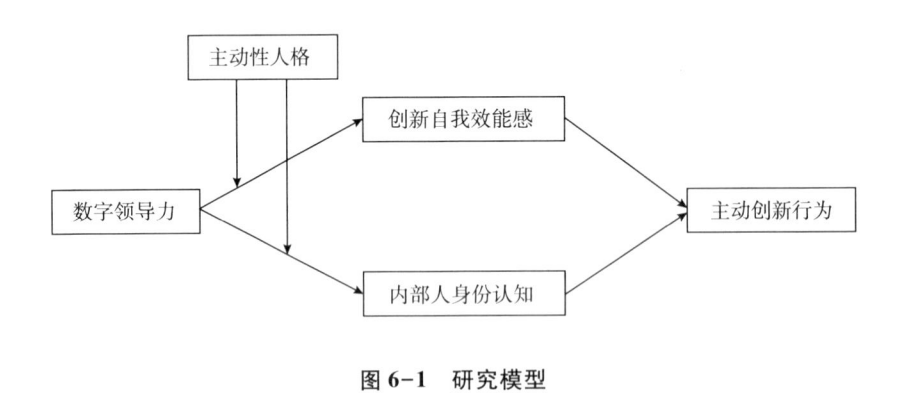

图 6-1 研究模型

第三节 研究设计

一 变量测量工具

本章均采用国内外被广泛使用的成熟量表进行测量，均具有良好的信度和效度。同时对问卷进行翻译、修订，确保量表在本土化情景下的适用性和效度。

（1）数字领导力。有关数字领导力的实证研究比较有限，测量工具的开发研究较少。Politis（2014）进行了数字领导力的相关实证研究，使用了2011年基于大五模型开发的虚拟领导力的测量量表，得到了较好的验证。Iriqat（2017）等则从设想、参与、激励、授权、执行和弹性6个维度开发了数字领导力的测量量表。Liu等（2019）提出了从个人层面衡量领导者数字领导力的EACMi模型，开发了选择个人特征和技能（作为先决条件）、积极认识信息和通信技术（ICT）、对信息通信技术的评估、学习信息通信技术的意愿、使用信息通信技术的意愿，以及便利条件6个维度的数字领导力测量量表，是评估和理解领导者技术采用的有效模型。后来，Vanwart等（2019）在现有研究基础上，对数字领导力的概念进行了探索性评估，合作开发了数字领导力的量表，具有较好的信效度，并进行了实证验证。Mihardjo和Leonardus（2018）在现有文献研究的基础上，选择创造性、深度知识、全球视野和写作、思考者和好奇5个维度评估数字领导力。

汤伟娜等（2017）在Politis（2014）等研究的基础上编制了数字领导力的测量量表，用信息技术应用、组织协调、无边界沟通、任务推行、反馈激励5个维度描述数字领导力，并在本土化情境下得到了较好的验证。刘追等（2018）在已有研究的基础上，以数字化素养、数字化沟通、数字化激励和数字化推行4个维度衡量数字领导力。

本节采取Vanwart等（2019）开发的量表作为测量数字领导力的工具，该量表信效度较好并得到广泛应用。该量表包含18个条目，具体条目有"领导者为员工提供了足够的个性化虚拟沟通""领导者对虚拟沟通方式的选择促进了沟通与协作""领导者能够有效地利用虚拟沟通监控组织变革"等。问卷采用Likert5点量表计分，1="非常不同意"，5="非常同意"。

（2）创新自我效能感。自我效能感这一概念最早由Tierney和Farmer（2002）提出，在此基础上，Carmel和Schaubroeck（2007）通过参考自我效能感，提出了创新自我效能感。本书采用Tierney和Farmer（2002）开发的量表。该量表包含8个条目，具体条目有

"我将能够以创造性的方式实现我为自己设定的大部分目标""当面对困难时,我会创造性地完成它们""我相信,只要我下定决心做的创新努力,绝大多数都会取得成功"等。问卷采用 Likert5 点正向计分,1 = "非常不同意",5 = "非常同意"。

(3) 内部人身份认知。目前,针对内部人身份认知的量表主要有 Stamper 和 Masterson (2002) 在提出该概念时开发的 6 题单维量表最具代表性。Chen (2007) 等也验证了该量表在中国情境下的具有良好的信度和效度,国内学者汪林等 (2009)、王永跃等 (2015)、马跃如和白晓彤 (2022) 等均选择该量表测量内部人身份认知。本书采用 Stamper 和 Masterson (2002) 开发的量表,该量表包含 6 个条目,代表性条目如 "我非常强烈地感受到我是组织的一分子"等。问卷采用 Likert5 点正向计分,1 = "非常不同意",5 = "非常同意"。

(4) 主动创新行为。目前,主动创新行为量表一般采用国外学者开发的创新行为量表,国外学者将员工创新行为默认为一种主动的自发性行为。Belschak 和 DenHartog (2011) 使用 7 个题项,单维量表测量主动创新行为。黄亮和彭璧玉 (2015) 应用该量表并使主管对员工进行评价,结果得到了较好的信效度。另一类是采用赵斌等 (2014) 基于中国本土化情境开发的 22 个题项,将主动创新行为划分为 3 个维度:自发性、前期准备和跨越障碍,得到了马璐和王丹阳 (2016)、李玲等 (2022) 的借鉴,信效度较好。

结合现有的研究以及中国本土化情境,本书采用赵斌等 (2014) 开发的量表。该量表包含 22 个题项,具体题项有 "为了解决问题,我会积极主动提出建议""我对创新有浓厚兴趣,发自内心想要创新""在创新之前我有坚定的决心、毅力和目标"等。问卷采用 Likert7 点正向计分,1 = "非常不同意",7 = "非常同意"。

(5) 主动性人格。在首次提出主动性人格的概念时,Bateman 和 Crant (1993) 通过发放问卷进行因子分析得到 17 个题项来测量主动性人格。Seibert (1999) 在此基础上进行修订的 10 个题项量表具有较好的信效度，得到了学者的普遍认可。商佳音等（2009）基于中国情境，在 Bateman 和 Crant（1993）的 17 题量表基础上修订形成了 9 个题项的量表，但测量对象较为单一，信效度有待进一步检验。

本书采用 Seibert（1999）等开发的量表。该量表主要包含 10 个题项，具体题项有"我不断地寻找能够改善生活的新方法""如果看到不喜欢的事，我会想办法解决它"等。问卷采用 Likert5 点正向计分，1＝"非常不同意"，5＝"非常同意"。

（6）控制变量。现有的研究表明，除了以上变量，一些人口统计学变量对员工的主动创新行为也有可能产生影响。基于此，本书将个体的性别、年龄、受教育水平、所属行业、工作年限、是否从事技术工作 6 个人口基本统计特征作为控制变量。

二　信度分析

为了进一步验证问卷数据的可靠性，进行下一步信度分析，利用 SPSS26.0 计算 Cronbach's α 系数。问卷中各个变量的 Cronbach's α 系数结果如表 6-1 所示。Cronbach's α 系数大于 0.7 即可视为信度较好。由表 6-1 可知，数字领导力、创新自我效能感、内部人身份认知、主动创新行为和主动性人格的 Cronbach's α 系数皆大于 0.8，可以看出各变量维度的 Cronbach's α 系数高于 0.7 较好，信度较好。

表 6-1　　　　　　　　　　信度分析

变量	变量题项	题项数（个）	Cronbach's α 值
总体量表	题项数	64	0.972
数字领导力	DL1—DL18	18	0.945
创新自我效能感	CS1—CS8	8	0.860
内部人身份认知	PIS1—PIS6	6	0.802
主动创新行为	PIB1—PIB22	22	0.937
主动性人格	PP1—PP10	10	0.915

三 效度分析

效度检验通常包含内容效度（Content Validity）和区分效度（Construct Validity）两个方面。内容效度主要用于评价所用量表是否对所要测量的内容进行比较完整地测量，考察量表在使用过程中是否符合相关要求。本节所用量表均来自国内外研究中被广泛使用的较成熟量表，具有一定代表性，因而可以进行内容效度检验。结构效度指量表中的题项对理论方面的反映程度，通常使用因子分析法进行检验。主要参考量表的 KMO 抽样适度测定值和 Bartlett 球体检验值进行分析。其中，$KMO>0.5$ 则表示题项之间具备较多共同因素，KMO 值越大表示该变量展开进行因子分析的效果越好；Bartlett 球体检验值显著，则说明可以将相关系数矩阵列为特定矩阵进行分析。KMO 抽样适度测定值和 Bartlett 球体检验值分析结果如表 6-2 所示。

表 6-2　　主要变量的效度分析

Bartlett	数值	数字领导力	创新自我效能感	内部人身份认知	主动创新行为	主动性人格
KMO 值	0.974	0.997	0.927	0.892	0.970	0.953
统计值	15104	4362	1416	887	3766	2204
自由度 df	2016	153	28	15	231	45
显著性 sig.	0	0	0	0	0	0

由表 6-2 可知，本书主要变量量表的 KMO 检验值都超过 0.8 且 Bartlett 球体检验值都在 0.05 的水平上显著，因此可以进行因子分析。为确定本书主要变量是否能够得到有效区分，基于以上分析，本书采用验证性因子分析（CFA）来检验数字领导力（DL）、创新自我效能感（CS）、内部人身份认知（PIS）、主动创新行为（PIB）及主动性人格（PP）5 个因素的区分效度，对样本数据与理论模型的匹配程度进行评价，结果如表 6-3 所示。

表 6-3　　　　　　　　验证性因子分析检验区分效度

模型	χ^2	df	χ^2/df	CFI	SRMR	TLI	RMSEA
五因子	3054	1942	1.573	0.916	0.046	0.913	0.037
四因子	3857	1946	1.982	0.856	0.057	0.851	0.049
三因子	3870	1949	1.986	0.855	0.058	0.850	0.049
二因子	4087	1951	2.464	0.834	0.059	0.834	0.051
单因子	4555	1952	2.334	0.804	0.060	0.798	0.057

注：五因素模型：dl、cs、pis、pib、ss；四因素模型 dl+pib、cs、pis、ss；三因素模型：dl+pib、cs+pis、ss；二因素模型：dl+pib、cs+pis+ss；单因素模型：dl+cs+pis+pib+ss。

从表 6-3 可以看出，五因子模型的各项拟合指标均（$\chi^2/df = 1.573 < 3$，$CFI = 0.916 > 0.9$，$SRMR = 0.046 < 0.08$，$TLI = 0.913 > 0.9$，$RMSEA = 0.037 < 0.08$）优于其他模型，较好满足了相关要求，表明本研究的问卷设计能够较好地区分本书的主要变量，即数字领导力、创新自我效能感、内部人身份认知、主动创新行为、主动性人格代表了 5 个不同的构念，适合进行下一步的相关分析和回归分析。

四　同源方差分析

同源方差是指由于测量中采用统一方法而导致出现系统性偏差，自变量和因变量由同一被试填写或数据来源相同、测量情境相同、项目语境相同与测量项目等自身特征等均可能会造成同源方差问题。同源方差会影响研究结果的准确性，本研究所有数据来自同源主体，用自评的方式完成问卷，虽然已通过设置反向题、不记名填写等方式，但仍可能存在单一方法造成的误差，因此，本节使用 Harman 单因子分析法来检验数据是否存在严重的同源方差问题。主成分分析抽取出 5 个因子，其中，第一个因子解释了总方差的 38.594%，尚未超过一般认定的 40%。因此，在本样本中同源方差在可接受范围内，基本不会对研究结论的可靠性造成影响。

第四节 样本的统计性分析

一 样本构成分析

本书的样本主要来自数字技术广泛使用的企业员工为调查对象,通过员工自评测量员工感知领导者数字领导力的程度。由于性别与年龄因素对个体创新自我效能感、内部人身份认知和主动创新行为的感知也是有所差异的,所以本书认为这些控制变量应该加入进行观察,避免其影响对主动创新行为的作用机制研究。此外,工作年限、受教育程度、所属行业、是否从事技术工作等工作相关的变量可能对员工主动创新行为产生较大的影响,因此进行控制观察,选取以上变量作为人口统计学变量,对数字领导力与员工主动创新行为的关系研究进行了限制。

问卷通过问卷星在线发放,共收集 451 份问卷,及时剔除无效问卷,得到 414 份有效问卷,有效率达 91.7%。被试者覆盖互联网、金融业、计算机四个行业,地域覆盖北京市、上海市、杭州市、南京市、武汉市等一线城市及其他城市,被试者的人口统计学具体数据如表 6-4 所示。

表 6-4 样本构成 ($N=414$)

指标	成分	样本数量(个)	比重(%)
性别	男	222	53.6
	女	192	46.4
年龄	30 岁及以下	194	46.9
	31~40 岁	119	28.7
	40 岁以上	101	24.4
学历	本科及以下	266	64.3
	本科以上	148	35.7

续表

指标	成分	样本数量（个）	比重（%）
工作任期	1~5 年	188	45.4
	6~10 年	178	43.0
	10 年以上	48	11.6
所属行业	制造业	95	22.9
	互联网	134	32.4
	金融	94	22.7
	房地产	88	21.3
	其他	3	0.7
是否从事技术工作	是	228	55.1
	否	186	44.9

二 描述性统计分析与相关分析

相关性分析是为初步探究自变量、因变量、控制变量和其他中介变量及调节变量的相关性，控制变量、数字领导力、创新自我效能感、内部人身份认知、主动创新行为、主动性人格的均值、标准差和相关系数如表6-5所示。从表中可以发现数字领导力、创新自我效能感、内部人身份认知、主动创新行为、主动性人格5个变量之间的相关关系。其中，数字领导力与创新自我效能感（$r=0.651$，$p<0.01$）、内部人身份认知（$r=0.563$，$p<0.01$）、主动创新行为（$r=0.683$，$p<0.01$）、主动性人格（$r=0.678$，$p<0.01$）显著正相关，创新自我效能感与主动创新行为、内部人身份认知与主动创新行为之间显著正相关，创新自我效能感、内部人身份认知与主动性人格显著正相关。由此可知，上述相关分析结果初步验证了研究假设，其他假设需要进一步回归分析检验。

表6-5　　　　　描述性统计分析与相关性分析

变量	均值	标准差	1	2	3	4	5
数字领导力	3.720	1.080	1.000				

续表

变量	均值	标准差	1	2	3	4	5
创新自我效能感	3.220	0.810	0.651**	1.000			
内部人身份认知	3.150	0.800	0.563**	0.650**	1.000		
主动创新行为	3.560	1.130	0.683**	0.736**	0.664**	1.000	
主动性人格	3.100	0.640	0.678**	0.662**	0.637**	0.692**	1.000

注：**$p<0.01$。

第五节　假设检验

一　数字领导力对员工主动创新行为的影响

本书通过分层回归法来分析数字领导力对员工主动创新行为的影响。本书在做回归分析之前，变量的数据均进行了中心化处理以降低多重共线性。回归分析将人口统计学变量作为控制变量得到模型1，再加入自变量数字领导力得到模型2，结果如表6-6所示。

表6-6　数字领导力与员工主动创新行为的回归分析结果

变量		主动创新行为	
		模型1	模型2
控制变量	性别	-0.058	-0.052
	年龄	-0.03	-0.035
	学历	-0.01	-0.003
	工作年限	-0.087	-0.084**
	所属行业	0.079	0.005
	是否从事技术工作	-0.008	0.023
自变量	数字领导力		0.577***

续表

变量		主动创新行为	
		模型1	模型2
模型拟合	R^2	0.017	0.450
	调整后 R^2	-0.03	0.440
	F	1.179	47.421***

注：**$p<0.01$；***$p<0.001$；下同。

二 创新自我效能感的中介作用

本部分检验创新自我效能感的中介效应。由表6-7可知，数字领导力作为自变量、创新自我效能感作为因变量并加入控制变量后（模型2），数字领导力对创新自我效能感的影响作用显著（$\beta=0.647$，$p<0.001$）H6-2成立。进一步观察，将创新自我效能感作为自变量、主动创新行为作为因变量并加入控制变量后（模型4），中介变量创新自我效能感影响因变量员工主动创新行为系数显著（$\beta=0.685$，$p<0.001$），H6-3成立。

表6-7　　　　创新自我效能感的中介效应检验

变量		创新自我效能感		主动创新行为		
		模型1	模型2	模型3	模型4	模型5
控制变量	性别	-0.058	0.009	-0.052	-0.063	-0.056
	年龄	-0.030	-0.037	-0.035	-0.007	-0.017
	学历	-0.010	0.047	-0.003	-0.037	-0.026
	工作年限	-0.087	-0.004	-0.084**	-0.080**	-0.082**
	所属行业	0.079	0.008	0.005	0.009	0.001
	是否从事技术工作	-0.008	-0.019	0.023	0.001	0.013
自变量	数字领导力		0.647***	0.577***		0.496***
中介变量	创新自我效能感				0.685***	0.256***
拟合情况	R^2	0.030	0.482	0.450	0.552	0.597
	调整后 R^2	0.017	0.473	0.440	0.545	0.589
	F	1.179	54.042***	47.421***	71.570***	74.927***

将员工主动创新行为作为因变量、数字领导力和创新自我效能感作为自变量并加入控制变量（模型5）进行回归后，创新自我效能感对员工主动创新行为有显著的正向影响（$\beta=0.256$，$p<0.001$）；同时，数字领导力对员工主动创新行为的回归系数显著（$\beta=0.496$，$p<0.001$），并且较第一阶段的回归系数（$\beta=0.577$，$p<0.001$）有所降低，因此，创新自我效能感在数字领导力和员工主动创新行为之间起到部分中介作用，H6-4成立。

为了进一步检验创新自我效能感的中介效应，本书使用PROCESS程序，对创新自我效能感的中介效应进行进一步的检验，设置95%的置信区间，重复抽样5000次。由表6-8可知，创新自我效能感在数字领导力与员工主动创新行为之间的中介效应显著（$\beta=0.321$，$p<0.001$），且其中介效应的Bootstrap抽样，95%置信区间为[0.229，0.410]，置信区间不包含0，进一步验证了H6-4。

表6-8　　创新自我效能感在数字领导力与员工主动创新行为之间的中介作用

效应	点估计	标准误差 SE	Bootstrapping 95%置信区间 CI	
			下限 2.5%	上限 2.5%
总效应	0.577	0.032	0.513	0.640
间接效应	0.256	0.038	0.180	0.331
直接效应	0.321	0.047	0.229	0.410

三　内部人身份认知的中介作用

本节检验内部人身份认知的中介效应。由表6-9可知，数字领导力作为自变量、内部人身份认知作为因变量并加入控制变量后（模型2），数字领导力对内部人身份认知的影响是显著的（$\beta=0.640$，$p<0.001$），H6-5成立。

表 6-9　　　　　　　　内部人身份认知中介效应检验

变量		内部人身份认知		主动创新行为		
		模型1	模型2	模型3	模型4	模型5
控制变量	性别	-0.024	-0.008	-0.052	-0.053	-0.048
	年龄	-0.052	-0.062	-0.035	0.003	-0.015
	学历	0.034	0.042	-0.003	-0.042	-0.024
	工作年限	-0.037	-0.041	-0.084**	-0.058	-0.069*
	所属行业	0.052	-0.017	0.005	0.026	0.008
	是否从事技术工作	-0.023	-0.002	0.023	0.011	0.024
自变量	数字领导力			0.577***		0.308***
中介变量	内部人身份认知		0.640***		0.526***	0.366***
拟合情况	R^2	0.009	0.413	0.450	0.432	0.534
	调整后 R^2	-0.006	0.403	0.440	0.421	0.525
	F	0.600	40.757***	47.421***	43.913***	58.016***

将内部人身份认知作为自变量、主动创新行为作为因变量并加入控制变量后（模型4），内部人身份认知对员工主动创新行为的影响是显著的（$\beta=0.526$，$p<0.001$），H6-6成立。

而将员工主动创新行为作为因变量，数字领导力和内部人身份认知同时作为自变量并加入控制变量（模型5）进行回归后，内部人身份认知对员工主动创新行为有显著的正向影响（$\beta=0.308$，$p<0.001$），同时，数字领导力对员工主动创新行为的回归系数显著（$\beta=0.366$，$p<0.001$），且较第一阶段的回归系数（$\beta=0.577$，$p<0.001$）有所降低，因此，内部人身份认知在数字领导力和员工主动创新行为之间起到部分中介作用，H6-4成立。

使用Hayes（2012）编制的PROCESS程序，对内部人身份认知的中介效应进行进一步的检验，设置95%的置信区间，重复抽样5000次。结果如表6-10所示，内部人身份认知在数字领导力与员工主动创新行为之间的中介效应显著（$\beta=0.211$，$p<0.001$），且其中介效应的Bootstrap抽样，95%置信区间为[0.151，0.271]，不

包含 0，进一步验证了 H6-7。

表 6-10　内部人身份认知在数字领导力与员工主动创新行为之间的中介作用

效应	点估计	标准误差 SE	Bootstrapping 95%置信区间 CI	
			下限 2.5%	上限 2.5%
总效应	0.577	0.032	0.513	0.640
间接效应	0.366	0.039	0.290	0.442
直接效应	0.211	0.031	0.151	0.271

四　主动性人格的调节作用

本书通过分层回归法对主动性人格在数字领导力与创新自我效能感之间的调节作用进行检验，结果如表 6-11 所示。加入控制变量后（模型 4），数字领导力×主动性人格对创新自我效能感的影响是显著的，正向的（$\beta=0.163$，$p<0.001$），故主动性人格在数字领导力与创新自我效能感之间起到调节作用，H6-8 成立。

表 6-11　主动性人格在数字领导力与创新自我效能感之间的调节作用

变量		创新自我效能感			
		模型 1	模型 2	模型 3	模型 4
控制变量	性别	-0.024	0.009	0.011	-0.008
	年龄	-0.052	-0.037	-0.038	-0.044
	学历	0.034	0.047	0.052	0.056
	工作年限	-0.037	-0.004	-0.009	-0.018
	所属行业	0.052	0.008	0.007	0.007
	是否从事技术工作	-0.023	-0.019	0.005	-0.005
自变量	数字领导力		0.647***	0.396***	0.530***
调节变量	主动性人格			0.349***	0.419***
交互项	数字领导力×主动性人格				0.163***

续表

变量		创新自我效能感			
		模型1	模型2	模型3	模型4
拟合情况	R^2	0.009	0.482	0.567	0.595
	调整后 R^2	-0.006	0.473	0.559	0.586
	F	0.600	54.042***	66.401***	66.006***

数字领导力×主动性人格交互作用对创新自我效能感的影响是显著的，正向的（$\beta=0.163$，$p<0.001$），说明主动性人格显著调节数字领导力与创新自我效能感之间的关系，为进一步说明主动性人格是正向调节还是负向调节作用，本节绘制了主动性人格的调节作用图（如图6-2所示）。由图6-2可知，主动性人格在数字领导力和创新自我效能感之间起正向调节作用，即个体主动性人格水平越高，数字领导力与创新自我效能感之间的正向关系越强；即个体主动性人格水平越低，数字领导力与创新自我效能感之间的正向关系越弱。

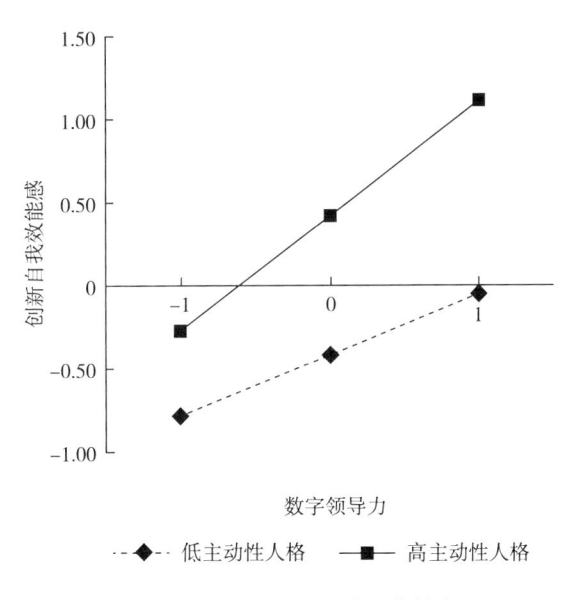

图6-2 主动性人格的调节效应

随后对主动性人格在数字领导力与内部人身份认知之间的调节作用进行检验，结果如表6-12所示。加入控制变量后（模型4），数字领导力与主动性人格的交互项的回归系数不显著，故主动性人格不能在数字领导力与创新自我效能感之间起调节作用，H6-9不成立。对此，本书认为，在中国传统文化背景下，员工展现出的人格特质可能与其真实情况不符；并且，本书衡量主动性人格特质的量表采用基于西方情境开发出来，可能不能完全体现本土环境下的员工人格特质。还有，我们可能夸大主动性人格个体的主观能动性，后续将进行详细讨论。

表6-12 主动性人格在数字领导力与创新自我效能感、内部人身份认知之间的调节作用

变量		内部人身份认知			
		模型1	模型2	模型3	模型4
控制变量	性别	-0.024	-0.008	-0.011	-0.014
	年龄	-0.052	-0.062	-0.066	-0.067
	学历	0.034	0.042	0.070	0.071
	工作年限	-0.037	-0.041	-0.051	-0.052
	所属行业	0.052	-0.017	-0.013	-0.013
	是否从事技术工作	-0.023	-0.002	-0.013	-0.014
自变量	数字领导力		0.640***	0.506***	0.525***
调节变量	主动性人格			0.247***	0.257***
交互项	数字领导力×主动性人格				0.022
拟合情况	R^2	0.009	0.413	0.445	0.446
	调整后R^2	-0.006	0.403	0.434	0.433
	F	0.600	40.757***	40.605***	36.100***

五 有调节的中介模型检验

本节使用PROCESS程序中的有调节的中介模型进行检验。由前文主动性人格的调节作用分析结果可知，主动性人格仅在数字领导力与创新自我效能感之间起着调节效应，故本章仅检验该条路径

上的有调节的中介效应。结果见表6-13，从条件间接效应分析可以看出，在员工拥有低主动性人格水平时（均值-1SD），数字领导力以创新自我效能感为中介影响员工主动创新行为的间接效应为0.167，95%置信区间为 [0.105，0.236]，置信区间上下限不包含0，因此，在低主动性人格水平下，创新自我效能感的中介效应显著；在员工拥有高主动性人格水平时（均值+1SD），数字领导力以创新自我效能感为中介影响员工主动创新行为的间接效应为0.269，95%置信区间为 [0.168，0.387]，置信区间上下限不包含0，因此，在高主动性人格水平下，创新自我效能感的中介效应显著。

表6-13 主动性人格的条件间接效应检验（Bootstrapping）

调节变量	分值水平	间接效应	Boot SE	95%置信区间
主动性人格	均值-1SD	0.167	0.334	[0.105，0.236]
	均值	0.218	0.415	[0.147，0.307]
	均值+1SD	0.269	0.559	[0.168，0.387]

由表6-13可知，在高主动性人格水平下，数字领导力以创新自我效能感为中介对员工主动创新行为产生的正向影响要强于低主动性人格，说明相较于低主动性人格水平的员工，数字领导力对创新自我效能感的影响更显著。但此结果不足以证明有调节的中介效应存在，需进一步对主动性人格有调节的中介效应进行检验。从表6-14可以看出，主动性人格的调节指数为0.067，95%置信区间为[0.016，0.119]，置信区间上下限不包含0，因此，有调节的中介模型得到验证，H6-10成立。

表6-14 主动性人格的有调节的中介效应检验

调节变量	指标INDEX	标准误差	Bootstrapping 95%置信区间CI	
			下限2.5%	上限2.5%
主动性人格	0.067	0.026	0.016	0.119

通过以上主效应分析、中介效应、调节效应和被调节的中介效应的检验，本书实证分析结果具体如表6-15所示：

表6-15　　　　　　　　　假设验证结果

序号	假设内容	结果
H6-1	数字领导力正向影响员工主动创新行为	支持
H6-2	数字领导力正向影响员工创新自我效能感	支持
H6-3	创新自我效能感正向影响员工主动创新行为	支持
H6-4	创新自我效能感在数字化领导与主动创新行为之间发挥中介作用	支持
H6-5	数字领导力正向影响员工内部人身份认知	支持
H6-6	内部人身份认知正向影响员工主动创新行为	支持
H6-7	内部人身份认知在数字领导力与主动创新行为之间起中介作用	支持
H6-8	主动性人格正向调节了数字领导力与创新自我效能感之间的关系	支持
H6-9	主动性人格正向调节了数字领导力与内部人身份认知之间的关系	不支持
H6-10	主动性人格正向调节创新自我效能感在数字领导力与员工创新行为之间关系的中介作用	支持
H6-11	主动性人格正向调节内部人身份认知在数字领导力与员工创新行为之间关系的中介作用	不支持

第六节　本章小结

本书基于社会认知理论和沉浸理论，研究数字领导力与员工主动创新行为之间的关系。对企业员工发放问卷，利用SPSS25.0和MPLUS9.0对数据进行样本描述性统计、验证性因子分析等。实证研究发现，数字领导力有利于促进员工主动创新行为；数字领导力要求关注员工的价值，塑造良好的领导成员交换关系，员工产生受到关心和鼓励的体验，拉近了领导者与员工的心理距离，强化了个体的内部人身份认知。数字领导力通过创新自我效能感对员工主动创新行为有显著的促进作用；内部人身份认知在数字领导力与员工主动创新行为之间起到中介作用；拥有数字领导力的领导者通过组织建设为提升员工心理安全感，拉近与员工之间的距离，塑造良好的领导成员交换关系，从而增强个体对"圈内人"身份的认知，而内部人身份认知水平又是员工愿意为组织作出改变的重要心理前提。主动性人格正向调节创新自我效能感在数字领导力与员工主动创新行为之间的中介效应。从社会认知的角度来看，主动性人格会影响员工对领导者态度和行为的感知，进而影响他们在与领导者相处过程获得各种资源及其他有利条件。

第七章

研究结论、对策建议、研究的局限及未来研究方向

通过对相关理论文献的梳理及相关概念的厘定，对数字领导力与员工主动创新行为之间的关系进行实证研究，得出一些主要的研究结论。本章首先对前面的实证研究结论进行归纳总结。其次在结论的基础上，提出了一些对策建议。最后指出本书存在的研究局限，对后续的研究做了进一步的展望。

第一节　研究结论

结合目前企业数字化转型过程中面临的问题，以及数字领导力对企业数字化转型的重要性，进一步分析数字领导力对企业创新主体—员工创新行为的影响。基于此，本书在社会学习理论、社会交换理论、社会认知理论、沉浸理论和等理论分析基础上，研究数字化办公背景下工作场所玩兴对员工创造力的影响，平台型领导与员工创新行为之间的关系，以及数字领导对员工主动创新行为的影响。主要的研究结论如下。

一　领导数字化支持情境下数字化准备对员工数字化创造力的影响

本书以数字化环境下，员工的数字化准备为切入点，以员工的

数字化创造力为研究对象，运用自我效能理论和组织支持理论等考察数字化准备对员工数字化创造力的积极作用；通过构建一个被调节的中介理论模型，对员工数字化准备、创新自我效能感、领导数字化支持和数字化创造力的关系进行了实证研究，揭示了数字化准备对员工数字化创造力的影响机制。通过实证分析得出以下结论。

（1）数字化准备是提升员工数字化创造力的关键因素，创新自我效能感在数字化准备和数字化创造力间起着中介作用。数字化准备从员工的数字技能、心智模式、行为等个人层面积极应对数字化变革，有利于推进员工进行数字化创新的意愿，进而影响员工的数字化创造力；创造性自我效能感为员工面临创新过程中出现的困难和挫折时，提供源源不断的信心和内驱力。

（2）领导数字化支持正向调节数字化准备与创新自我效能感间的关系。这意味着数字技术准备驱动企业数字化创新过程中，领导数字化支持水平越高，数字化准备对员工创新自我效能感的积极影响越显著。领导数字化支持与员工数字化准备之间较高程度的协同、匹配，可以提高员工应对数字化的技能、知识、认知和心理适应性等准备程度，增强员工创新信心和主动性。

（3）领导数字化支持可以调节创新自我效能感在数字化准备和数字化创造力间的中介作用。领导数字化支持水平越高，数字化准备通过创新自我效能感的中介对数字化创造力的提升效果越明显，反之亦然。即验证了领导数字化支持对"数字化准备—创新自我效能感—数字化创造力"这一作用路径有正向影响。

二 数字化时代平台型领导与员工主动创新行为

基于社会认知理论和社会学习理论，以24个团队211名员工作为研究对象，本书探讨了平台型领导对员工主动创新行为的跨层次影响，并且检验了团队学习涌现和创造性自我效能感在两者之间所起到的中介机制作用。

（1）平台型领导对创造性自我效能感、团队学习涌现和员工的主动创新行为具有显著的正向影响。本书的研究结果丰富了领导风格对员工主动创新行为影响机制的研究。以往研究主要基于社会交换理论或者社会信息理论等研究变革型领导、共享型领导、教练型领导、自我牺牲型领导等领导风格对员工创新行为的影响（朱瑜等，2018；徐振亭等，2020）。本书是基于社会学习理论和社会认知理论视角来探究平台型领导如何通过创造性自我效能感和团队学习涌现的中介作用机制来影响员工的主动创新行为，研究结论不仅印证了领导认知和行为是影响员工创新行为的重要因素之一，还探究了平台型领导风格对员工主动创新行为的跨层次影响机制，进一步拓展了平台型领导的相关研究；另外，本书结果还丰富了关于影响员工主动创新行为的中间作用机制，为未来的相关研究奠定基础。

（2）本书丰富了创造性自我效能感对员工主动创新行为影响的相关研究。本书基于社会认知理论视角来探讨创造性自我效能感在平台型领导与员工主动创新行为之间的中介作用机制。本书的研究结果不仅印证了学者提出的"领导风格—个体认知—员工行为"机理模型（Knippenberg et al.，2004），也证实了创造性自我效能感是员工展现主动创新行为的主要内驱力，在如何激励和管理员工的主动创新行为方面有重要的理论指导意义。

（3）本书基于社会学习理论，假设并检验了团队学习涌现在平台型领导影响员工主动创新行为过程中的跨层次中介作用。该研究的实证结果一方面有助于揭开平台型领导对员工创新行为影响的中间作用机制"黑箱"，在理论上阐述了平台型领导通过哪些中介传导机制更好地促进员工的主动创新行为。另一方面不仅有利于更好地理解本土化情境下，平台型领导影响员工主动新行为的内在动力来源及过程的实质，而且丰富了社会学习理论的相关研究，在如何引导与鼓励员工主动创新行为方面具有重要的理论借鉴。

三　数字领导力与员工主动创新行为

（1）数字领导力促进员工主动创新行为。当领导者表现出数字领导力时，会为员工提供适宜创新的条件，并作为榜样被员工学习与模仿。员工根据上级的指导与建议修正自己的行为，作出符合组

第七章
研究结论、对策建议、研究的局限及未来研究方向

织期望的行为，如主动创新行为等。以往学者大多将研究重点集中在数字领导力对员工敬业度、工作满意度、员工创造力等变量的研究上，忽视了数字领导力与员工主动创新行为之间关系的研究，基于数字化背景下，与数字领导力相关的实证研究还较为匮乏。因此，本书所得结论不仅丰富了数字领导力的结果变量，同时，丰富了国内外数字领导力实证研究的不足，也为领导者如何有效激发员工主动创新行为提供了新思路。本书拓展了领导力理论中数字领导力领域的研究范围。以往研究多集中在数字领导力的定性研究，以及组织层面数字领导力的积极影响。随着数字经济的不断渗透，我们不仅要关注政府、企业层面的数字领导力，更要关注数字变革中个体的数字领导力与组织发展的适配，以及对组织和其他个体的影响。本书引入员工心理特征创新自我效能感和内部人身份认知作为中介变量，员工的主动创新行为作为结果变量，从实证的角度验证了数字领导力对个体心理特征和行为的影响，从而验证了数字领导力的有效性，进一步拓宽了数字领导力的研究视角，丰富了数字领导力的实证研究。

（2）数字领导力能显著促进创新自我效能感、内部人身份认知。首先，数字领导力要求领导者为员工提供高度协作的氛围、透明的知识共享环境，领导者主动承担责任，在工作过程中为员工提供及时的、个性化的反馈，因而使员工能够得到充分的支持以面对创新，即员工能够获得较高的创新自我效能感以解决创新过程中面临的难题。因此，本书从社会认知视角阐释了数字领导力是如何影响员工的创新自我效能感。虽然数字领导力与员工自我效能感之间的关系已存在一定研究，但其与特定领域的自我效能感（创新自我效能感、角色宽度自我效能感等）的相关研究尚少，本书补足了原有的研究成果。其次，数字领导力要求关注员工的价值，塑造良好的领导成员交换关系，员工产生感受到关心和鼓励的体验，拉近了领导者与员工的心理距离，强化了个体的内部人身份认知。研究结果也拓宽了数字领导力影响结果的研究思路，也启发管理者如何有

效开发员工的心理变量。

（3）创新自我效能感、内部人身份认知在数字领导力与主动创新行为之间发挥的中介效应。创新自我效能感和内部人身份认知作为重要的心理能量，是连接数字领导力与主动创新之间的桥梁。首先，数字领导力要求领导者指导员工提升其学习与工作的能力，为组织提供清晰的愿景、目标并作出规划，在工作中树立榜样，并坚定信念支持员工创新，因而能用有效提升员工创新自我效能感，而创新自我效能感是使员工敢于主动创新的重要动力来源。其次，拥有数字领导力的领导者通过组织建设为提升员工心理安全感，拉近与员工之间的距离，塑造良好的领导成员交换关系，从而增强个体对"圈内人"身份的认知，而内部人身份认知水平又是员工愿意为组织作出改变的重要心理前提。本书在中国情境下揭示了数字领导力对主动创新行为的重要作用机制，表明了数字领导力能够通过创新自我效能感、内部人身份认知的心理状态进而达成促进员工创新的目的。这一结果丰富了中国文化情境中数字领导力作用机制研究。

本书发现，数字领导力可以通过创新自我效能感和内部人身份认知的中介对员工主动创新行为产生促进作用，揭开了数字领导力与员工主动创新行为间作用机制的"黑箱"。员工主动创新作为组织行为领域的研究重点，是企业在当前 VUCA 环境下生存和发展的重要力量，也是领导力领域的重要研究对象。已有研究探讨了共享型领导（马璐和王丹阳，2016）、平台型领导（李玲等，2022）等领导风格对员工主动创新行为的影响，而本书将视角聚焦于企业领导者的数字领导力，探究数字领导力对员工主动创新行为的作用机制，弥补了数字领导力研究领域实证研究的不足，进一步厘清了数字领导力对员工主动创新行为的作用机制。

（4）关于主动性人格的调节作用。主动性人格调节数字领导力与创新自我效能感之间的关系，调节创新自我效能感在数字领导力与主动创新行为之间的中介效应得到支持。从社会认知的角度来

第七章
研究结论、对策建议、研究的局限及未来研究方向

看，主动性人格会影响员工对领导者态度和行为的感知，进而影响他们在与领导者相处过程获得各种资源及其他有利条件。高主动性人格的员工本身具有更加积极主动的行为特征，当他们获取来自具有数字领导力的领导者所提供的更多有利条件时，他们会将面临的挑战和难题看作实现自身价值的机会，因此，在面对创新时就拥有更高的能力和自信，激发更多创新的情绪，进而产生更高的创新自我效能感。

主动性人格调节数字领导力与内部人身份认知之间的关系、调节内部人身份认知在数字领导力与主动创新行为之间的中介效应未得到数据支持，本书认为可能存在多方面原因。首先，在中国文化背景的大环境下，员工可能因展现出的人格特质可能与其真实情况不符。其次，本书衡量主动性人格特质的量表采用基于西方情境开发出来，可能不能完全体现本土环境下的员工人格特质。

从社会交换的角度来看，数字领导力在给员工提供更多资源、更良好的组织氛围的同时，也让员工承担了更多的责任，无形中提出了更多的要求，会给员工带来一定的压力，甚至可能超出个体的承受能力。在实际工作场景中，即使是高主动性个体的员工，当环境的压力使其无法完全应对时，只会带来消极的情绪。并且高主动性人格个体积极主动作为的想法需要大量的资源消耗，当个体利用大量资源形成创新自我效能感以应对和解决难题时，个体的压力随之增加，从而缺乏必要的资源产生较高水平的内部人身份认知。

本书验证了主动性人格对"数字领导力→创新自我效能感→主动创新行为"中介作用过程的调节效应，进一步讨论了创新自我效能感在数字领导力与员工主动创新行为间中介作用的边界条件。人格特质间的差异会使个体的认知及行为产生明显差异。主动性人格的个体不受外部环境力量的约束并适应和塑造周围环境（Bateman and Crant, 1993），这一观点在本书中也得到验证。本书认为，具有主动性人格的个体在面对数字领导力带来的丰富资源，更愿意接受并利用，以改变所处环境，提升创新的信心和能力，直面创新的困

难和挑战。本书对未来从个体心理特征角度出发研究不同领导风格、领导力对员工主动创新行为的作用具有重要价值。

当前有关数字领导力实证研究处于起步阶段，研究其作用的边界条件弥补了当前研究不足，也为数字领导力在实际中面对不同员工因材施策提供了理论指导。

第二节 对策建议

通过对领导数字化支持背景下数字化准备与员工数字化创造力、平台型领导与员工主动创新行为，以及数字领导力与员工主动创新行为的三个子研究的实证结果分析，为了更好地提升企业管理者数字领导力，促进员工在数字化转型过程中主动开展创新行为，提出以下几点建议。

（1）数字经济时代，企业要想提升员工的数字化创造力，一方面，加大对数字组件、数字平台、数字基础设施等数字技术的引进和建设，调动、整合 IT 基础资源、IT 人力源，以及 IT 关系资源等的优化配置为员工利用数字技术进行创新做好后勤保障。另一方面，注重培养员工数字化和信息化思维，对员工的 IT 技能和相关数字能力进行培训，鼓励员工之间分享关于数字技术相关的知识、技能和经验，促进思想火花的碰撞，催生产品创新灵感，鼓励员工主动开展数字技术赋能的创新活动。

创新自我效能感在数字化准备提升员工的数字化创造力过程中发挥着至关重要的作用。创新自我效能感为员工面临数字化创新过程中出现的困难和挫折时，提供源源不断的信念支撑和内驱力，增强员工数字化创新过程中战胜困难的勇气和信心。企业要改善员工的心智模式，使员工对数字化创新的认知、态度，以及行为等方面进行适应性调整，从心理和行为等方面做好应对数字化创新的积极准备，增强创新过程中的积极性和主动性（Lokuge et al.，2018）。

第七章
研究结论、对策建议、研究的局限及未来研究方向

同时，领导鼓励员工表达自己的诉求，帮助员工厘清工作目标、及时清除创新过程中遇到的困难和挑战。对于表现优秀的员工，加大物质激励和荣誉激励，使员工感受到领导对利用数字技术进行创新的支持和鼓励，感受到企业在物质和荣誉方面的"积极对待"，面对困难和挫折也不会退缩，积极主动地通过创造性思维和发散性思维探索解决问题的方法，涌现出更多的主动创新行为，进而提升数字化创造力。

（2）高层管理者对数字技术的支持在数字化准备驱动员工数字化创造力的过程中作用不容小觑。数字技术的应用和研发投入需要得到高层管理者的认可和支持才能顺利实施。作为企业的高层管理者面对数字技术带来的深远影响和改变，应该积极制定数字化战略，投入更多的资源在数字化人才的技能、知识和经验等方面的培训，培养更多的专家型人才，同时为吸引和留住数字化人才，应该制定数字化创新的奖励机制。高层管理者利用自身或者企业的社会关系网络提高企业对数字信息、人才、技术和资金、政策等外部资源的获取和整合能力，为企业的数字化创新战略提供智力支持（陈庆江等，2021）。

（3）平台型领导作为一种新型的领导风格，有利于改善员工对创新的认知和态度，为员工创新过程中提供引导和积极的心理支撑，激发员工的主动创新行为，实现创新的突破性跨越。因此，对于企业的管理者和部门主管来说，为下属打造共同的事业平台，努力将事业平台做大做强，鼓励员工参与到日常管理活动中建言献策，权责共享，给员工提供更多的培训机会，获取更多与工作相关的知识、技能和经验等学习的新机会，相互扶持、共同进步，锤炼他们的专业技能，增强员工的创新心理涉入，挖掘创新潜能，激发员工的主动创新行为。

（4）创造性自我效能感在平台型领导与员工的主动创新行为关系中起着跨层次的中介效应。因此，平台型领导者或者部门主管可以通过给予下属积极的心理支撑和创新资源的支持增强员工面对创

新过程中的困难和挫折的信心和抗压性，提升团队成员的创造性自我效能感来激发员工的主动创新行为。比如，管理者可以通过营造平等交流的沟通氛围，对员工进行积极的心理授权，对员工提出的意见给予积极反馈，对员工工作中遇到的各种难题和挑战，及时给予解决、引导和支持。积极帮助员工的事业平台做大做强，共同进步，营造积极向上、轻松愉快的组织创新氛围，为员工提供创新所需的各种资源，创设各种支持员工创新的工作环境，着力增强员工创新的信念支撑和内驱力来提升他们的创造性自我效能感和主动创新行为。

（5）研究还发现团队学习涌现在平台型领导与主动创新行为之间起着跨层次中介作用。因此，领导者或者管理者可以通过营造团队学习的氛围，鼓励员工共同学习、共同进步，通过分享彼此之间的知识、技能或者经验等，增强员工的创新能力，激发员工的主动创新行为。作为平台型领导者应该加强对团队学习的关注，营造开放式的学习氛围，不仅鼓励团队内部成员之间的学习交流，还鼓励团队外部之间的学习与交流。树立榜样学习的典范，领导者经常开设分享会不仅要积极分享自己的知识、经验和心得，还奖励优秀的员工分享自己工作中解决问题的经验、技巧和心得，带动全体员工学习的热潮，激发团队成员的学习热情和主动创新行为。

（6）组织的领导者要积极促进数字领导力的学习和使用。要表现出数字领导力管理者必须具备一些特定的素质与能力，比如，数字沟通技术、数字变革素养、数字学习能力等专业的基础支持与实践能力。在当前数字化转型的背景下，领导者的能力也必须从传统向数字作出转变。首先，企业领导者要积极学习，熟悉数字商业模式，了解数字能力全局，突破传统思维定式，提升数字化技术对驱动组织发展作用的认知。其次，为了应对企业面临的各种挑战，数字领导力要求领导者必须了解好新技术，注意好本行业基本相关技术领域培训，尤其是人工智能、物联网、社交媒体等多高方面，以期在面对不同领域的风险和问题时，拥有充分的问题处理能力。最

第七章
研究结论、对策建议、研究的局限及未来研究方向

后,数字领导力要求领导者具有较强的执行力和全局观念,所以在培养数字领导力时要注重执行力的提升,在实践中获取经验,知道如何设计、部署新价值主张等。在实际领导过程中,领导者要积极利用数字技术,通过新兴数字技术提升管理效能。领导者要摒弃传统领导成员之间命令与服从关系的等级观念,而应该与员工建立良好的互动关系,强调知识共享、信息透明,同时为员工提供充分的工作资源、个性化的指导与反馈。在领导者与员工良性的互动下,才能有效地发挥数字领导力的积极效应。

(7)企业应当重视和发挥组织成员心理因素对其主动创新行为的作用。在组织运行过程中,领导者应当更加关注和培养员工的创新自我效能感,同时提升其内部人身份认知。首先,领导者可以利用数字技术构建知识共享平台,善用社交媒体,提高领导者与员工,以及员工之间的互动效率,同时通过定期召开例会的形式,通过视频会议等让员工分享自己近期的收获与经验、遇到的困难,并且鼓励员工交流讨论。其次,可以建立内部网站,一方面方便员工上传和下载各类学习心得和资料,也可以相互求助,解决问题与困难。并将在此间的资料分享和帮助解决问题的行为纳入绩效考核中,以激发员工参与意愿。最后,企业在重视组织内部知识共享的同时,还应通过组织各种活动,促进组织的团队建设。如联欢会、科学化的培训等,增进组织成员之间的感情,提高员工的"圈内人"认知,这也能够为知识共享、团队协作创造良好条件,为员工产生良好的创新自我效能感与内部人身份认知打下坚实基础。

(8)研究表明,员工的主动性人格调节数字领导力与创新自我效能感关系,这提示领导者应当重视个体差异,针对不同特质的员工实施差异化管理。组织成员存在高主动性人格与低主动性人格两类员工,首先,领导者应对员工的人格特点进行了解和区分,从而对具有不同人格特点的员工有针对性地采取不同的策略和管理方式。研究表明,低主动性人格的员工只会被动地接受数字领导力为其带来的有利条件,因此在数字化环境下,领导者应当重点关注此

类员工,由于其主动性人格较低,只愿被动地改变自己的工作与生活,因此领导者可以通过建立独特的规章制度,在保障高主动性人格员工的基本权益下,同时能够推动主动性人格水平较低的员工积极利用数字领导力带来的有利条件。其次,企业应当注重员工主动性人格的培养,鼓励高主动性人格员工形成团体,在组织内形成一种主动型人积极进取,依赖性的主动性人格氛围,以带动其他员工向主动性人格转化。最后,领导者也应在区分低主动性人格的情况下,向其树立模范和榜样,使其明确高主动性人格为其带来何种积极结果,从而促使更多员工对高主动性人格产生模仿行为,从而有利于促进积极工作行为的产生。

第三节 研究的局限及未来研究方向

尽管本书对数字化背景下领导者风格与员工创新行为之间进行了系统的理论与实证研究,也取得了一些突破性进展。但是由于样本采集、时间限制、作者水平等客观条件的限制,本书研究还存在有待进一步完善的地方,并为后续研究指明了方向。具体包括以下几个方面。

(1)领导数字化支持情境下,数字化转变对员工数字化创造力的影响研究主要通过发放问卷收集横截面数据,但是员工的数字化准备过程和领导数字化支持是动态的演化过程,通过开展员工数字化准备驱动其数字化创造力的纵向追踪研究或者案例研究,可能更有助于深入揭示领导数字化支持在数字化准备对数字化创造力的作用机制中的动态影响。本书选取了信息技术、教育培训、制造业、新媒体、电子商务等行业类型的员工数字化准备对其数字化创造力的影响机理,未来可以选取几个对数字化转型要求比较高的行业如信息技术、智能制造、电子商务等行业进行研究纵向追踪研究和横向比较研究,探究行业内部领导数字化支持、数字化准备等对员工

第七章
研究结论、对策建议、研究的局限及未来研究方向

数字创造力影响的。

此外，目前关于员工数字创造力的研究仍处于起步阶段，本书仅探究了企业内部员工创新自我效能感在数字化准备与数字化创造力之间的作用机制，以及领导数字化支持的边界作用条件，未考虑企业如何利用外部数字生态系统、数字化环境、数字资本等提升企业的数字化创造力，未来可进一步扩大研究变量的范围对企业数字化创新的影响机制和作用路径。

（2）本书整合了团队层次和个体层次两个层面以构建平台型领导对员工主动创新行为的跨层次影响模型，没有从组织层次的变量来探究对员工主动创新行为的影响；未来研究可考虑组织创新氛围等组织层面的变量，系统分析对员工主动创新行为的影响。

（3）本书探究了平台型领导与员工主动创新行为之间关系的中介作用机制，此外还有哪些中介机制需要进一步研究。另外，本书仅探讨了平台型领导与主动创新行为之间的中介机制，在平台型领导与员工主动创新行为之间有哪些调节作用则没有研究，比如，其他具有中国特色的情境因素（心理授权、团队信任等）是否会影响平台型领导对员工的主动创新行为，则需要进一步探究。所以，未来的研究可以考虑通过更为全面的理论推导和实证分析，探索出其他的中介、调节作用机制和边界影响条件，使跨层次的平台型领导与员工的主动创新行为模型更为完善。

（4）可扩展其他视角分析数字领导力对员工主动创新行为的影响机制。本书主要讨论了数字领导力影响员工主动创新行为的机制。但是本书仅基于社会认知和沉浸两个视角，分析创新自我效能感、内部人身份认知两个心理因素的作用机制，角度尚不够全面。在数字领导力与员工主动创新行为关系的"黑箱"中，仍存在其他的解释机制，如员工的自我决定视角和领导成员交换等，这些因素是本书未能涉及的，未来相关研究可以从这些角度进一步展开讨论。本书分析了主动性人格的调节作用，事实上在领导者影响下属的过程中，员工的表现不仅会受到其个体个人特质的影响，还会受

到组织和团队等方面因素的重要影响，如企业的数字成熟度、团队的虚拟化程度等。本书仅讨论员工主动性人格在其中发挥的边界作用，解释力度还较为单薄，后续研究可以从数字领导力影响机制的边界条件视角的扩展进一步挖掘可能的影响因素。

（5）数字领导力影响员工行为的机制值得进一步研究。本书进一步讨论了数字领导力影响员工主动创新行为的机制。数字领导力是当前数字经济环境下组织与管理的研究热点，其能够引导领导者较好地应对商业模式的变革，但作为刚进入学界和商界不久的新概念，现有研究主要集中于数字领导力对员工创新行为、创造力的研究，相关研究仍有待完善。此外，数字领导力的特点对管理者自身提出较大挑战，对管理者具有较高的要求，会导致其产生心理方面的压力，关于数字领导力负面影响的探讨也可以作为未来数字化领导风格领域研究的方向。

综上所述，本书通过多来源收集数据去克服同源方差产生的问题，但是基于横断面的研究设计使我们无法严格对变量之间的关系进行因果归因。未来的研究可以考虑使用纵向追踪的方法进行数据收集，也可以采用设计实验方法或者二者有机结合，进而更精确地检验所研究变量之间的关系，提高本书研究结果的信度和效度。

参考文献

安世民等:《平台型领导对员工个体角色绩效的影响机制——被调节的链式多重中介模型》,《技术经济》2022年第5期。

蔡文著、周南:《悖论式领导如何影响员工创造力》,《当代财经》2022年第9期。

曹雅楠、蓝紫文:《高管从军经历能否抑制上市公司股价崩盘风险——基于高管人力资本与社会资本的视角》,《上海财经大学学报》2020年第4期。

曹元坤等:《平台型领导对员工责任式创新的影响——一个被调节的中介模型》,《科技进步与对策》2023年第24期。

柴富成、程豹:《共享领导对团队创新绩效作用路径研究》,《企业经济》2015年第5期。

陈慧等:《授权领导何时激发员工主动行为?——员工能力与内部人身份感知的作用》,《北京邮电大学学报(社会科学版)》2023年第2期。

陈建安等:《从支持性人力资源实践到组织支持感的内在形成机制研究》,《管理学报》2017年第4期。

陈龙等:《谦逊型领导对建言行为的影响——一个被调节的中介模型》,《科学学与科学技术管理》2018年第7期。

陈璐等:《工作激情、建言与变革发起行为:自恋领导的双刃剑效应》,《管理科学》2021年第5期。

陈璐、王月梅:《促进型调节定向对研发人员跨边界行为的影响研究》,《管理科学》2017年第1期。

陈明淑、周子旋：《工作不安全感对员工创造力的积极影响：基于压力学习效应的视角》，《中国人力资源开发》2020年第5期。

陈默、梁建：《高绩效要求与亲组织不道德行为：基于社会认知理论的视角》，《心理学报》2017年第1期。

陈庆江等：《高管团队社会资本在数字技术赋能企业创新中的作用——"助推器"还是"绊脚石"?》，《上海财经大学学报》2021年第4期。

陈耘等：《AHRP对员工创造力的影响研究——工作繁荣与心理安全感的作用》，《科研管理》2021年第9期。

崔遵康等：《点燃科技企业明星员工创造力的领导机制研究——基于精神与能量视角》，《科技进步与对策》2021年第18期。

邓志华等：《精神型领导对员工工匠精神的影响研究——心理需求满足和工作价值观的不同作用》，《华东经济管理》2021年第2期。

丁道韧等：《内部人身份认知对员工前摄行为的影响研究——基于心理资本的中介作用与包容型领导的调节作用》，《中央财经大学学报》2017年第4期。

董津津等：《创新能力冗余与价值创造：社会交换理论视角下合作关系的中介作用》，《科技进步与对策》2023年第24期。

董念念等：《领导每日消极反馈对员工创造力的影响机制》，《心理学报》2023年第5期。

杜孝珍、代栋栋：《公共部门数字领导力的结构维度与建设路径》，《上海行政学院学报》2022年第6期。

段菲菲等：《手机游戏用户粘性影响机制研究：整合Flow理论和TAM理论》，《图书情报工作》2017年第3期。

段锦云、曹莹：《自我监控对建言行为的影响：内部人身份感知的作用》，《心理科学》2015年第6期。

段柯：《数字时代领导力的维度特征与提升路径》，《领导科学》2020年第16期。

参考文献

范恒、周祖城：《伦理型领导与员工自主行为：基于社会学习理论的视角》，《管理评论》2018 年第 9 期。

方慧等：《自我决定理论视角下服务型领导对新生代员工幸福感的影响》，《中国人力资源开发》2018 年第 10 期。

冯蛟等：《领导者—员工关系类型及对员工创新行为的影响》，《管理科学》2019 年第 5 期。

高乔子、黄滨：《社会交换理论视角下员工与组织关系对科研创新绩效的作用》，《科技管理研究》2022 年第 4 期。

葛淳棉等：《强制分布评价制度对员工创新绩效的影响研究》，《中国人力资源开发》2022 年第 3 期。

顾远东、彭纪生：《创新自我效能感对员工创新行为的影响机制研究》，《科研管理》2011 年第 9 期。

郭功星、程豹：《顾客授权行为对员工职业成长的影响：自我决定理论视角》，《心理学报》2021 年第 2 期。

郭海、杨主恩：《从数字技术到数字创业：内涵、特征与内在联系》，《外国经济与管理》2021 年第 9 期。

郭衍宏等：《上行何以下效？创业型领导对员工越轨创新的影响》，《企业经济》2021 年第 1 期。

过旻钰、朱永跃：《意义构建理论视角下领导积极结果框架对员工数字化创造力的影响研究》，《管理学报》2024 年第 4 期。

郝旭光等：《平台型领导：多维度结构、测量与创新行为影响验证》，《管理世界》2021 年第 1 期。

郝旭光：《平台型领导：一种新的领导类型》，《中国人力资源开发》2016 年第 4 期。

郝旭光：《平台型领导：自达达人》，《北大商业评论》2014 年第 9 期。

郝旭光、张嘉祺：《平台型领导更为贴近知识经济时代的实践——平台型领导：一种新的领导类型》，《北京日报》2021 年 3 月 22 日。

洪雁、王端旭：《管理者真能"以德服人"吗？——社会学习和社会交换视角下伦理型领导作用机制研究》，《科学学与科学技术管理》2011年第7期。

侯曼等：《领导授权赋能对员工创新绩效的影响——隐性知识共享与情绪智力的作用》，《软科学》2021年第12期。

侯昭华等：《安全基地型领导对员工创造力的影响机制研究》，《管理学报》2022年第8期。

胡文安等：《组态视角下研发团队新员工创造力激活路径研究》，《科研管理》2023年第4期。

黄河：《企业数字化转型过程中领导力构建探析》，《领导科学论坛》2023年第3期。

黄俊等：《公仆型领导对员工主动创新行为的影响——基于领导部属交换与员工工作投入的中介作用》，《科技进步与对策》2015年第21期。

黄亮、彭璧玉：《工作幸福感对员工创新绩效的影响机制——一个多层次被调节的中介模型》，《南开管理评论》2015年第2期。

黄秋风等：《变革型领导对员工创新行为影响的研究——基于自我决定理论和社会认知理论的元分析检验》，《研究与发展管理》2017年第4期。

黄勇等：《见贤思齐：领导创造力对员工创造力的跨层次影响机制》，《科学学与科学技术管理》2021年第4期。

霍国庆等：《信息化领导力研究综述》，《管理评论》2008年第4期。

贾建锋等：《伦理型领导对员工主动性行为的影响机制研究》，《管理学报》2020年第9期。

贾建锋、刘志：《幽默不拘，创新不限：亲和幽默型领导与员工越轨创新》，《管理科学》2021年第2期。

江静、杨百寅：《领导—成员交换、内部动机与员工创造力——工作多样性的调节作用》，《科学学与科学技术管理》2014年第

1 期。

姜诗尧等：《资源保存理论视角下领导——成员交换对员工创新行为的影响》，《首都经济贸易大学学报》2019 年第 6 期。

蒋兵等：《平台型领导对员工越轨创新的影响——一个有调节的链式中介模型》，《科技进步与对策》2023 年第 6 期。

巨彦鹏：《数字时代数字领导力矩阵分析与提升路径研究》，《领导科学》2021 年第 8 期。

蓝媛媛等：《服务型领导对员工创造力的影响：知识分享的中介作用与价值观一致性的调节作用》，《中国人力资源开发》2020 年第 11 期。

李春玲等：《不同激励偏好下创新奖励对研发人员创新行为的影响——自我决定与特质激活理论整合视角》，《科技进步与对策》2019 年第 24 期。

李根强等：《发展型人力资源管理实践与员工主动创新行为：基于信息加工理论视角》，《科技管理研究》2022 年第 7 期。

李海等：《知识更新对员工创造力的影响》，《科研管理》2021 年第 10 期。

李姜锦等：《代际视角下领导对员工创造力的自证预言》，《科研管理》2022 年第 6 期。

李玲等：《平台型领导对员工主动创新行为的跨层次影响》，《科技进步与对策》2022 年第 13 期。

李玲、陶厚永：《纵容之手、引导之手与企业自主创新——基于股权性质分组的经验证据》，《南开管理评论》2013 年第 3 期。

李朔等：《创业型领导何以激发员工创新行为？——论创新自我效能感和组织认同的作用》，《湖北社会科学》2020 年第 11 期。

李锡元等：《个体—主管深层相似性感知与员工创新行为：两个中介效应的检验》，《科技进步与对策》2017 年第 18 期。

李鲜苗等：《创意越轨行为对创造力的影响：领导反馈调节与创新自我效能感的中介作用》，《科技进步与对策》2019 年第 6 期。

李燚等:《参与多多益善?参与式领导与员工创造力的曲线关系研究》,《管理评论》2022年第4期。

李育辉等:《国企内部管理人员向职业经理人转化的影响因素:基于Z集团的案例研究》,《中国人力资源开发》2020年第10期。

李志宏等:《组织气氛对知识共享行为的影响路径研究——基于华南地区IT企业的实证研究与启示》,《科学学研究》2010年第6期。

梁亮等:《从坐而言到起而行:企业驱动员工自主落实建言的案例研究》,《中国人力资源开发》2021年第12期。

林世豪等:《资质过剩感对员工创造力的内在机制研究——基于资源保存视角》,《科学学与科学技术管理》2022年第4期。

林新奇等:《领导风格与员工创新绩效关系的元分析:基于自我决定视角》,《心理科学进展》2022年第4期。

林志扬、赵靖宇:《真实型领导对员工承担责任行为的影响——员工内化动机和人际敏感特质的作用》,《经济管理》2016年第7期。

刘冰、李逢雨:《上下级代际冲突对90后员工主动创新行为的影响机制研究》,《东岳论丛》2021年第9期。

刘兵、刘培琪:《角色认同视角下上级发展性反馈对员工创新行为的影响机制》,《财贸研究》2020年第8期。

刘俊等:《平台型领导如何促进员工内部创业?工作繁荣和未来工作自我清晰度的作用》,《中国人力资源开发》2022年第11期。

刘松博等:《资质过剩感对员工组织公民行为的正面影响——领导涌现的中介作用》,《软科学》2023年第4期。

刘小平:《员工组织承诺的形成过程:内部机制和外部影响——基于社会交换理论的实证研究》,《管理世界》2011年第11期。

刘新梅等：《谦卑型领导对员工创造力的跨层次影响研究》，《软科学》2019年第5期。

刘燕等：《沉浸理论视角下旅游消费者在线体验对再预订的影响》，《旅游学刊》2016年第11期。

刘玉新等：《组织公正对反生产行为的影响机制——自我决定理论视角》，《管理世界》2011年第8期。

刘智强等：《集体心理所有权与创造力：自我决定理论视角》，《管理科学学报》2021年第11期。

刘追等：《不确定性规避与员工创新绩效——知识转移的中介作用》，《软科学》2016年第10期。

刘追等：《电子领导力对员工敬业度的影响——组织支持感的中介作用》，《软科学》2018年第7期。

刘追、闫舒迪：《电子领导力对跨文化团队有效性的影响及管理启示》，《中国人力资源开发》2015年第19期。

刘宗华等：《高承诺工作系统与知识分享的关系：内部人身份感知和工作嵌入的作用》，《当代经济管理》2017年第7期。

龙立荣、陈琇霖：《分享型领导对员工感知组织和谐的影响与机制研究》，《管理学报》2021年第2期。

楼鸣等：《主管支持感与组织公民行为：自我效能感的调节作用》，《管理科学》2021年第4期。

楼旭明等：《新生代员工内部人身份感知对创新绩效的影响——基于建言行为的中介作用》，《华东经济管理》2021年第1期。

卢艳秋等：《失败视角下变革型领导对员工创造力的影响》，《科研管理》2020年第10期。

吕霄等：《内在职业目标与个性化交易及对员工创新行为的影响机制——基于社会认知理论的研究》，《管理评论》2020年第3期。

马俊杰等：《职场精神力在低年资护士双元工作压力与主动创

新行为间的中介效应分析》,《护理学报》2023年第3期。

马丽、唐秋迢:《"持续在线"的连通行为如何激发员工创造力——一个双路径模型》,《华东经济管理》2022年第2期。

马璐等:《优势使用何以促进员工创新?和谐式激情与平台型领导的作用》,《科技进步与对策》2022年第22期。

马璐、王丹阳:《共享型领导对员工主动创新行为的影响》,《科技进步与对策》2016年第22期。

马吟秋等:《基于社会认知理论的辱虐管理对下属反生产行为作用机制研究》,《管理学报》2017年第8期。

马颖峰、隋志华:《基于Flow理论的教育游戏沉浸性设计策略研究教育游戏活动难度动态调控研究》,《电化教育研究》2010年第3期。

马跃如、白童彤:《员工—组织类亲情交换关系对亲组织非伦理行为的影响研究》,《管理评论》2022年第6期。

马增林等:《平台推动变革?平台型领导对主动变革行为的影响研究》,《中国人力资源开发》2023年第5期。

毛畅果、孙健敏:《基于主动性人格调节作用的工作场所不文明行为危害研究》,《管理学报》2013年第5期。

门一等:《基于自我决定理论对新一代人力资本即兴行为形成机制的研究》,《管理评论》2015年第11期。

潘静洲等:《龙生龙,凤生凤?领导创新性工作表现对下属创造力的影响》,《心理学报》2013年第10期。

彭伟等:《包容型领导影响员工创造力的双路径——基于社会学习与社会交换的整合视角》,《财经论丛》2017年第10期。

彭正龙等:《研发团队伦理型领导对团队创造力的影响》,《科技进步与对策》2015年第7期。

商佳音、甘怡群:《主动性人格对大学毕业生职业决策自我效能的影响》,《北京大学学报》(自然科学版)2009年第3期。

石冠峰等:《多层次导向的变革型领导与多层面创造力:知识

分享与观点采择的跨层中介作用》,《管理评论》2020 年第 10 期。

石冠峰等:《幽默型领导对员工创造力的作用机制研究:基于社会交换理论的视角》,《中国人力资源开发》2017 年第 11 期。

史珈铭等:《精神型领导与员工职业呼唤-自我决定理论视角的研究》,《经济管理》2018 年第 12 期。

宋萌等:《真诚型领导对员工主观幸福感的影响:基于社会学习理论的解释》,《中南大学学报》(社会科学版) 2015 年第 5 期。

宋琦等:《尊重午休自主权:如何在创新竞争的压力下提高员工创新绩效?》,《预测》2016 年第 6 期。

苏伟琳、林新奇:《上级发展性反馈对员工建言行为影响的双路径分析:基于社会交换理论与社会认知理论的视角》,《经济经纬》2019 年第 5 期。

苏屹、刘敏:《共享型领导、心理安全与员工进谏行为》,《工业工程与管理》2018 年第 2 期。

孙会、陈红:《人力资源管理实践对新生代员工敬业度的影响——内部人身份感知和组织自尊作用的视角》,《企业经济》2015 年第 9 期。

汤伟娜等:《电子领导力、组织支持感与员工工作满意度的影响机制研究》,《领导科学》2017 年第 17 期。

陶厚永等:《悖论式领导行为对员工创造力的影响研究》,《管理评论》2022 年第 2 期。

田红娜等:《数字化领导力如何促进企业绿色创新——SEM 与 fsQCA 方法》,《科技进步与对策》2023 年第 8 期。

屠兴勇等:《信任氛围、内部人身份认知与员工角色内绩效:中介的调节效应》,《心理学报》2017 年第 1 期。

万文海等:《工作要求——资源模型视角下多团队成员身份对员工创造力的影响研究》,《管理学报》2022 年第 5 期。

汪林等:《领导—部属交换、内部人身份认知与组织公民行为——基于本土家族企业视角的经验研究》,《管理世界》2009 年第1期。

汪曲、李燕萍:《团队内关系格局能影响员工沉默行为吗:基于社会认知理论的解释框架》,《管理工程学报》2017年第4期。

王爱国等:《智能会计如何促进企业数字化转型——一个有调节的中介效应模型》,《会计之友》2023年第4期。

王炳成、郝兴霖:《平台型领导如何推动商业模式创新?——一个有调节的链式中介模型》,《管理工程学报》2023年第5期。

王端旭、赵轶:《学习目标取向对员工创造力的影响机制研究:积极心境和领导成员交换的作用》,《科学学与科学技术管理》2011年第9期。

王红丽、李建昌:《创新情绪、情境信心对用户创新行为的作用机制研究》,《软科学》2014年第9期。

王宏蕾、孙健敏:《高绩效工作系统与创新行为的关系研究:一个有调节的中介模型》,《科学学与科学技术管理》2017年第12期。

王菁、李妍星:《在线顾客体验的形成路径:基于沉浸理论的实证研究》,《中国地质大学学报(社会科学版)》2015年第2期。

王磊、王泽民:《领导积极内隐追随对员工创造力的影响机制研究》,《科学学与科学技术管理》2020年第10期。

王莉红等:《团队学习行为、个体社会资本与学习倾向:个体创新行为的多层次模型》,《研究与发展管理》2011年第4期。

王玲玲等:《政府支持与新创企业商业模式创新——基于知识基础和社会认知理论视角》,《管理评论》2023年第2期。

王倩:《数字化时代工作特征、个体特征与员工数字化创造力—创新自我效能感的中介作用和性别的调节作用》,《技术经济》2020年第7期。

王琼等:《主动性人格会影响组织越轨行为吗——基于社会交换理论的研究》,《经济管理》2021年第8期。

王新成、李垣:《首席信息官、企业领导者与企业数字创新》,

《科技进步与对策》2022年第13期。

王雁飞等:《内部人身份认知与创新行为的关系——一个有调节的中介效应模型研究》,《外国经济与管理》2014年第10期。

王永伟等:《领导—员工创造力评价匹配对越轨创新的影响机制研究》,《管理学报》2023年第8期。

王永跃等:《内部人身份感知对员工创新行为的影响——创新自我效能感和遵从权威的作用》,《心理科学》2015年第4期。

王玉峰等:《激励性薪酬对研发人员主动创新行为的影响——创新意愿与组织创新氛围的作用》,《江苏农业科学》2020年第5期。

王兆证、周路路:《愿景型领导对员工创造力的影响机制研究》,《华东经济管理》2015年第11期。

王志立:《下属管理过程中如何具备平台型领导特质》,《商业经济》2019年第10期。

王智宁等:《团队反思对员工创新行为的影响——一个跨层次被调节的中介模型》,《软科学》2019年第11期。

王忠军等:《绩效考核导向对利用性与探索性创新行为的影响:自我决定理论视角》,《中国人力资源开发》2016年第11期。

魏守波、程岩:《虚拟氛围对在线消费者冲动购买意向影响的实证研究》,《系统管理学报》2012年第4期。

魏巍等:《资源保存视角下高绩效人力资源系统对员工突破式创造力的双刃剑效应》,《管理评论》2020年第8期。

温晗秋子:《数字经济时代亟需数字化领导力》,《中国领导科学》2021年第1期。

文鹏等:《基于社会交换理论的绩效评估导向对知识共享影响研究》,《管理评论》2012年第5期。

吴磊等:《远程办公真的有利于自我领导的形成吗?——基于自我决定理论的解释》,《福建论坛(人文社会科学版)》2022年第3期。

吴士健等：《和合文化情境下包容性领导如何影响员工越轨创新行为》，《科技进步与对策》2020 年第 17 期。

吴郁雯等：《因参与而承诺：自我决定理论视角下的工作繁荣形成机制研究》，《中国人力资源开发》2019 年第 11 期。

谢鹏等：《数字化人力资源管理对员工数字化创造力的影响研究》，《中国人事科学》2024 年第 7 期。

辛杰等：《平台型领导：概念、维度与测量》，《科学学研究》2020 年第 8 期。

熊立等：《平台型领导如何赋能知识型员工"适时应务"？——基于沉浸理论的链式中介模型》，《管理世界》2023 年第 2 期。

徐本华等：《领导成员交换与员工主动创新行为：一个被中介的调节模型》，《管理科学》2021 年第 2 期。

徐娟等：《沉浸理论及其在信息系统研究中的应用与展望》，《现代情报》2018 年第 10 期。

徐世勇等：《情感型领导对同事关系亲密度与员工创新行为的影响：一个被调节的中介模型》，《科技进步与对策》2019 年第 20 期。

徐振亭等：《自我牺牲型领导与员工创新行为：创造过程投入与团队信任的跨层次作用》，《管理评论》2020 年第 11 期。

许鹏：《旅游品牌价值对游客满意度的影响——基于沉浸体验理论视角》，《商业经济研究》2022 年第 5 期。

宣燚斐等：《职业成长机会对员工工作投入的影响：基于自我决定理论的视角》，《中国人力资源开发》2018 年第 2 期。

薛宪方等：《授权型领导对数字化创造力的影响机制研究》，《应用心理学》2023 年第 6 期。

薛杨、许正良：《微信营销环境下用户信息行为影响因素分析与模型构建——基于沉浸理论的视角》，《情报理论与实践》2016 年第 6 期。

闫艳玲等：《积极领导与员工敬业度的关系研究：基于自我决

定视角》,《科研管理》2019 年第 6 期。

严鸣等:《基于基本需求满足视角的道德型领导作用机制研究》,《管理评论》2022 年第 4 期。

严姝婷、樊传浩:《支持性组织氛围对科技人员主动创新行为影响研究:自我决定感与分配公平的作用》,《技术经济》2020 年第 5 期。

杨长进等:《辱虐管理与员工主动创新行为研究:基于动机和能力信念视角》,《科技进步与对策》2021 年第 3 期。

杨建锋等:《多任务处理对员工创造力的双刃剑效应:成就导向与认知评估的作用》,《科技进步与对策》2022 年第 9 期。

杨皎平、王淑君:《要提好汉当年勇:再职型新员工社会价值肯定感的形成及对主动担责行为的影响》,《中国人力资源开发》2022 年第 8 期。

杨晶照等:《领导—成员创新动机感染模型构建》,《管理科学》2018 年第 3 期。

杨仕元等:《员工地位与其创造力的异质性关系及边界效应研究》,《科技进步与对策》2023 年第 9 期。

姚德明、赵含笑:《数字领导力与员工数字化创造力——一个有调节的链式中介模型》,《湖北工业大学学报》2023 年第 6 期。

尹俊等:《授权赋能领导行为对员工内部人身份感知的影响:基于组织的自尊的调节作用》,《心理学报》2012 年第 10 期。

于海云等:《创业激情能够激发员工的创造力吗？基于情绪与认知的双重机制研究》,《科技管理研究》2022 年第 7 期。

于静静等:《包容型领导对员工创造力的影响研究——心理契约的中介作用》,《经济问题》2023 年第 2 期。

喻昕、许正良:《网络直播平台中弹幕用户信息参与行为研究——基于沉浸理论的视角》,《情报科学》2017 年第 10 期。

张春虎:《基于自我决定理论的工作动机研究脉络及未来走向》,《心理科学进展》2019 年第 8 期。

张大鹏等:《整合型领导力对组织创新绩效的影响研究》,《管理学报》2017年第3期。

张兰霞等:《职场排斥对员工助人行为的影响机制研究》,《管理学报》2022年第9期。

张嵩等:《社会化网络服务用户理想忠诚研究——基于沉浸理论和信任承诺理论》,《情报杂志》2013年第8期。

张璇、冀巨海:《新生代科技员工的自我发展诉求对主动创新行为的影响——基于自我效能感和组织认同的中介作用》,《数学的实践与认识》2018年第1期。

张勇、龙立荣:《人—工作匹配、工作不安全感对雇员创造力的影响——一个有中介的调节效应模型检验》,《南开管理评论》2013年第5期。

张煜良等:《把工作带回家会影响创造力吗？——二元压力下的工作—家庭渗透与员工创造力关系研究》,《科学学与科学技术管理》2023年第4期。

张振刚等:《员工的主动性人格与创新行为关系研究——心理安全感与知识分享能力的调节作用》,《科学学与科学技术管理》2014年第7期。

赵斌等:《价值观匹配与员工创新行为——内部人身份感知和批判性思维的作用》,《软科学》2017年第3期。

赵斌等:《科技人员主动创新行为:概念界定与量表开发》,《科学学研究》2014年第1期。

赵红丹等:《社会责任导向的人力资源管理感知与员工建言行为:基于社会交换理论》,《管理工程学报》2019年第9期。

赵英男等:《家族适应性影响员工创新行为的作用机制与边界》,《管理学报》2019年第4期。

周飞等:《包容型领导与员工创新行为的关系研究》,《科研管理》2018年第6期。

周浩、龙立荣:《工作不安全感、创造力自我效能对员工创造力的影响》,《心理学报》2011年第8期。

周霞、王雯童:《资质过剩感对知识型员工越轨创新的影响——有调节的中介模型》,《科技管理研究》2021年第1期。

朱珂等:《网络学习空间中协同学习的触发机制及实证研究》,《中国电化教育》2018年第7期。

朱永跃等:《平台型领导对员工越轨创新行为的影响:责任知觉与团队动机氛围的作用》,《科技进步与对策》2023年第13期。

朱永跃、马苗慧:《特质正念对制造业员工主动创新行为的影响——职业认同与工作旺盛感的中介效应》,《科技进步与对策》2023年第17期。

朱瑜等:《教练型领导如何影响员工创新？跨层次被调节的中介效应》,《心理学报》2018年第3期。

Alhusseini S., Elbeltagi I., "Transformational Leadership and Innovation: A Comparison Study between Iraq's Public and Private Higher Education", *Studies in Higher Education*, Vol. 41, No. 1, 2016.

Amabile T., M., "A Model of Creativity and Innovation in Organizations", *Research in Organizational Behavior*, Vol. 10, No. 1, 1988.

Anderson N., et al., "Innovation and Creativity in Organizations: A State-of-the-Science Review, Prospective Commentary, and Guiding Framework", *Journal of Management*, Vol. 40, No. 5, 2014.

Animesh A., et al., "An Odyssey into Virtual Worlds: Exploring the Impacts of Technological and Spatial Environments on Intention to Purchase Virtual Products", *MIS Quarterly*, Vol. 35, No. 3, 2011.

Asbari M., et al., "How to Build Innovation Capability in the RAC Industry to Face Industrial Revolution 4.0", *International Journal of Psychosocial Rehabilitation*, Vol. 24, No. 6, 2020.

Atitumpong A., Badir Y. F., "Leader-member Exchange, Learning Orientation and Innovative Work Behavior", *Journal of Workplace Learning*, Vol. 30, No. 1, 2018.

Avolio, Bruce J., et al., "Adding the "E" to E-leadership: How It May Impact Your Leadership", *Organizational Dynamics*, Vol. 31, No. 4, 2003.

Avolio B. J., et al., "E-leadership: Re examining Transformations in Leadership Source and Transmission", *The Leadership Quarterly*, Vol. 25, No. 1, 2014.

Babalola M. T., et al., "The Relation Between Ethical Leadership and Workplace Conflicts: The Mediating Role of Employee Resolution Efficacy", *Journal of Management*, Vol. 44, No. 5, 2018.

Balci E. V., et al., "Digital Leadership on Twitter: The Digital Leadership Roles of Sports Journalists on Twitter", *International Journal of Organizational Leadership*, No. 11, 2022.

Bandura A., "Social foundations of Thought and Action: A Social Cognitive Theory", *Journal of Applied Psychology*, Vol. 12, No. 1, 1986.

Bandura A., "Self-efficacy: Toward A Unifying Theory of Behavioral Change", *Psychological Review*, Vol. 84, No. 2, 1977.

Bandura, A., "Social Cognitive Theory: An Agentic Perspective", *Annual Review of Psychology*, Vol. 52, No. 1, 2001.

Bansal M., "Traditional Leadership Vis-a-vis E-leadership", *Delhi Business Review X*, Vol. 9, No. 2, 2008.

Bass, B. M., "Theory of Transformational Leadership Redux", *Leadership Quarterly*, Vol. 6, No. 4, 1995.

Bateman T. S., Crant J. M., "The Proactive Component of Organizational Behavior: A Measure and Correlates", *Journal of Organizational Behavior*, Vol. 14, No. 2, 1993.

Belitski M., Liversage B., "E-leadership in Small and Medium-sized Enterprises in the Developing World", *Technology Innovation Management Review*, Vol. 9, No. 1, 2019.

Belschak F. D., Den Hartog D. N., "Consequences of Positive and

Negative Feedback: The Impact on Emotions and Extra-role Behaviors", *Applied Psychology*, Vol. 58, No. 2, 2009.

Berman S. J., "Digital Transformation: Opportunities to Create New Business Models", *Strategy & Leadership*, Vol. 40, No. 2, 2012.

Blau P. M., "Social Exchange Theory", *Retrieved September*, Vol. 3, No. 2007, 1964.

Bono J. E., Judge T. A., "Self-concordance at Work: toward Understanding the Motivational Effects of Transformational Leaders", *Academy of Management Journal*, Vol. 46, No. 5, 2003.

Byrd T. A., Turner E., "An Exploratory Analysis of the Information Technology Infrastructure Flexibility Construct", *Journal of Management Information Systems*, Vol. 17, No. 1, 2000.

Byrge C., Tang C., "Embodied Creativity Training: Effects on Creative Self-efficacy and Creative Production", *Thinking Skills and Creativity*, No. 16, 2015.

Campbell D. J., "Themes: Structure and Decision Making the Proactive Employee: Managing Workplace Initiative", *The Academy of Management Executive* (1993-2005), Vol. 14, No. 3, 2000.

Chen A., et al., "A Theoretical Conceptualization for Motivation Research in Physical Education: An Integrated Perspective", *Quest*, Vol. 53, No. 1, 2001.

Chen Y., et al., "Improving Strategic Flexibility with Information Technologies: Insights for Firm Performance in An Emerging Economy", *Journal of Information Technology*, Vol. 32, No. 1, 2017.

Choi S. B., et al., "Inclusive Leadership and Employee Well-being: The Mediating Role of Person-job Fit", *Journal of Happiness Studies*, Vol. 18, No. 6, 2017.

Cortellazzo L., et al., "The Role of Leadership in a Digitalized World: A Review", *Frontiers in Psychology*, No. 10, 2019.

Crant J. M., Bateman T. S., "Charismatic Leadership Viewed from above: The Impact of Proactive Personality", *Journal of organizational Behavior*, Vol. 21, No. 1, 2000.

Csikszentmihalyi M., "Beyond Boredom and Anxiety: The Experience of Play in Work a Games", *Cotemporary Sociology*, Vol. 6, No. 2, 1977.

DasGupta P., "Literature Review: E-leadership", *Emerging Leadership Journeys*, Vol. 4, No. 1, 2011.

Deci E. L., et al., "A Meta-analytic Review of Experiments Examining the Effects of Extrinsic Rewards on Intrinsic Motivation", *Psychological Bulletin*, Vol. 125, No. 6, 1999.

Decuyper S., et al., "Grasping the Dynamic Complexity of Team Learning: An Integrative Model for Effective Team Learning in Organizations", *Educational Research Review*, No. 5, 2010.

Edna B. F., Uriel G. F., *Resource Theory*, Gergen K J, Greenberg M S, Willis R H. Social Exchange. Boston: Springer, 1980.

Eisenberger R., Stinglhamber F., "Perceived Organizational Support", *Journal of Applied Psychology*, Vol. 71, No. 3, 2011.

El Sawy O. A., et al., "*How LEGO Built the Foundations and Enterprise Capabilities for Digital Leadership*", Strategic information management, Routledge, 2020.

Emerson R. M., "Social Exchange Theory", *Annual Review of Sociology*, Vol. 2, No. 1, 1976.

Emily M., et al., "Servant Leaders Inspire Servant Followers: Antecedents and Outcomes for Employees and the Organization", *The Leadership Quarterly*, Vol. 24, No. 2, 2013.

Farmer S. M., et al., "Employee Creativity in Taiwan: An Application of Role Identity Theory", *Academy of Management Journal*, Vol. 46, No. 5, 2003.

Fatima T., Masood A., "Impact of Digital Leadership on Open Innovation: A Moderating Serial Mediation Model", *Journal of Knowledge Management*, Vol. 28, No. 1, 2024.

Felin T., et al., "The Micro Foundations Movement in Strategy and Organization Theory", *Academy of Management Annals*, Vol. 9, No. 1, 2015.

Frank A. G., et al., "Ferritization and Industry 4.0 Convergence in the Digital Transformation of Product Firms: A Business Model Innovation Perspective", *Technological Forecasting and Social Change*, No. 141, 2019.

Gong Y., et al., "A Multilevel Model of Team Goal Orientation, Information Exchange, & Creativity", *Academy of Management Journal*, Vol. 56, No. 3, 2013.

Gong Y., et al., "Employee Learning Orientation, Transformational Leadership, and Employee Creativity: The Mediating Role of Employee Creative Self-efficacy", *Academy of Management Journal*, Vol. 52, No. 4, 2009.

Greguras G. J., Diefendorff J. M., "Why Does Proactive Personality Predict Employee Life Satisfaction and Work Behaviors? A Field Investigation of the Mediating Role of the Self-concordance Model", *Personnel Psychology*, Vol. 63, No. 3, 2010.

Griffin M. A., et al., "A New Model of Work Role Performance: Positive Behavior in Uncertain and Interdependent Context", *Academy of Management Journal*, Vol. 50, N0. 2, 2007.

Gu Q., et al., "Does Moral Leadership Enhance Employee Creativity? Employee Identification with Leader and Leader-Member Exchange (LMX) In the Chinese Context", *Journal of Business Ethics*, No. 126, 2015.

Guerrero S., et al., "Pro-diversity Practices and Perceived Insider

Status", *Cross Cultural Management*: *An International Journal*, Vol. 20, No. 1, 2013.

Hall H., "Borrowed theory: Applying Exchange Theories in Information Science Research", *Library & Information Science Research*, Vol. 25, No. 3, 2004.

He P., et al., "Compulsory Citizenship Behavior and Employee Creativity: Creative Self-efficacy as a Mediator and Negative Affect as a Moderator", *Frontiers in Psychology*, No. 11, 2020.

Hensellek S., "Digital Leadership: A Framework for Successful Leadership in the Digital Age", *Journal of Media Management and Entrepreneurship (JMME)*, Vol. 2, No. 1, 2020.

Hu B., Zhao Y., "Creative Self-efficacy Mediates the Relationship between Knowledge Sharing and Employee Innovation", *Social Behavior and Personality*: *An International Journal*, Vol. 44, No. 5, 2016.

Hui C., et al., "Organizational Inducements and Employee Citizenship Behavior: The Mediating Role of Perceived Insider Status and the Moderating Role of Collectivism", *Human Resource Management*, Vol. 54, No. 3, 2015.

Ilardi B. C., et al., "Employee and Supervisor Ratings of Motivation: Main Effects and Discrepancies Associated with Job Satisfaction and Adjustment in A Factory Setting", *Journal of Applied Social Psychology*, Vol. 23, No. 21, 1993.

Iriqat R. A., Khalaf D. M., "Using E-leadership as a Strategic Tool in Enhancing Organizational Commitment of Virtual Teams in Foreign Commercial Banks in North West Bank-Palestine", *International Journal of Business Administration*, Vol. 8, No. 7, 2017.

Jan G., et al., "Service Innovative Work Behavior in The Hotel Firms: The Role of Servant Leadership and Harmonious Passion", *Journal of Human Behavior in the Social Environment*, Vol. 32, No. 5, 2022.

Javed B. , et al. , "Impact of Inclusive Leadership on Innovative Work Behavior: The Role of Creative Self-efficacy", *The Journal of Creative Behavior*, Vol. 55, No. 3, 2021.

Karwowski M. , et al. , "Big Five Personality Traits as the Predictors of Creative Self-efficacy and Creative Personal Identity: Does Gender Matter?", *The Journal of Creative Behavior*, Vol. 47, No. 3, 2013.

Kerfoot K. M. , "Listening to See: The Key to Virtual Leadership", *Nursing Economics*, Vol. 28, No. 2, 2010.

Kim T. Y. , et al. , "Proactive Personality, Employee Creativity, and Newcomer Outcomes: A Longitudinal Study", *Journal of Business and Psychology*, No. 24, 2009.

Kiyak A. , Bozkurt G. , "A General Overview to Digital Leadership Concept", *Uluslararası Sosyal ve Ekonomik Çalışmalar Dergisi*, Vol. 1, No. 1, 2020.

Klein M. , "Leadership Characteristics in The Era of Digital Transformation", Vol. 8, No. 1, 2020.

Knippenberg D. V. , et al. , "Leadership, Self, and Identity: A Review and Research Agenda", *The Leadership Quarterly*, Vol. 15, No. 6, 2004.

Kostopoulos K. C. , et al. , "Structure and Function of Team Learning Emergence: A Multilevel Empirical Validation", *Journal of Management*, Vol. 39, No. 6, 2013.

Koufaris M. , "Applying the Technology Acceptance Model and Flow Theory to Online Consumer Behavior", *Information Systems Research*, Vol. 13, No. 2, 2002.

Kovjanic S. , et al. , "How Do Transformational Leaders Foster Positive Employee Outcomes? A Self-determination-based Analysis of Employees' Needs as Mediating Links". *Journal of Organizational Behavior*, Vol. 33, No. 8, 2012.

Kwon J., et al., "Does a Creative Designer Necessarily Translate into the Creative Design of a Product? Exploring Factors Facilitating the Creativity of a New Product", *Creativity and Innovation Management*, Vol. 24, No. 4, 2015.

Lanzolla G., et al., "The Digital Transformation of Search and Recombination in the Innovation Function: Tensions and an Integrative Framework", *Journal of Product Innovation Management*, Vol. 38, No. 1, 2021.

Lapalme M. È., et al., "Bringing the Outside in: Can "External" Workers Experience Insider Status?", *Journal of Organizational Behavior*, Vol. 30, No. 7, 2009.

Lee M. R., Chen T. T., "Digital Creativity: Research Themes and Framework", *Computers in Human Behavior*, No. 42, 2015, p. 12-9.

Li J., et al., "Strategic Directions for AI: the Role of CIOS and Boards of Directors", *MIS Quarterly*, Vol. 45, No. 3, 2021.

Li M., et al., "Proactive Personality and Innovative Work Behavior: The Mediating Effects of Affective States and Creative Self-efficacy in Teachers", *Current Psychology*, No. 36, 2017.

Liao H., et al., "Looking at Both Sides of the Social Exchange Coin: A Social Cognitive Perspective on the Joint Effects of Relationship Quality and Differentiation on Creativity", *Academy of Management Journal*, Vol. 53, No. 5, 2010.

Lieke L., et al., "Why and When Do Employees Imitate the Absenteeism of Co-workers?", *Organizational Behavior and Human Decision Processes*, Vol. 134, No. C, 2016.

Liu D., et al., "The Dark Side of Leadership: A Three-level Investigation of the Cascading Effect of Abusive Supervision on Employee Creativity", *Academy of Management Journal*, Vol. 55, No. 5, 2012.

Liu S., et al., "External Learning Activities and Employee Creativity in Chinese R&D teams", *Cross Cultural Management: An International Journal*, Vol. 20, No. 3, 2013.

Liu X., et al., "Research on the Effects of Entrepreneurial Education and Entrepreneurial Self-efficacy on College Students' Entrepreneurial Intention", *Frontiers in Psychology*, No. 10, 2019.

Lokuge S., et al., "Organizational Readiness for Digital Innovation: Development and Empirical Calibration of a Construct", *Information & Management*, No. 56, 2019.

Lokuge S., Sedera D., "The Role of Enterprise Systems in Fostering Innovation in Contemporary Firms", *Journal of Information Technology Theory and Application*, Vol. 19, No. 2, 2018.

Lunardi G. L., et al., "The Impact of Adopting IT Governance on Financial Performance: An Empirical Analysis among Brazilian Firms", *International Journal of Accounting Information Systems*, Vol. 15, No. 1, 2014.

Lyytinen K., et al., "Digital Product Innovation within Four Classes of Innovation Networks", *Information Systems Journal*, Vol. 26, No. 1, 2016.

Madjar N., et al., "Factors for Radical Creativity, Incremental Creativity, and Routine, Noncreative Performance", *Journal of Applied Psychology*, Vol. 96, No. 4, 2011.

Mathisen G. E., Bronnick K. S., "Creative Self-efficacy: An Intervention Study", *International Journal of Educational Research*, Vol. 48, No. 1, 2009.

Mawritz M. B., et al., "A Trickle-down Model of Abusive Supervision", *Personnel Psychology*, Vol. 65, No. 2, 2012.

Meinel M., et al., "Exploring the Effects of Creativity Training on Creative Performance and Creative Self-efficacy: Evidence from A Longitudinal Study", *The Journal of Creative Behavior*, Vol. 53, No. 4, 2019.

Mihardjo, Leonardus W., et al., "Does Digital Leadership Impact

Directly or Indirectly on Dynamic Capability: Case on Indonesia Telecommunication Industry in Digital Transformation?", *The Journal of Social Sciences Research*, working papers, 2018.

Mohammad K., "E-leadership: The Emerging New Leadership for the Virtual Organization", *Journal of Managerial Sciences*, Vol. 3, No. 1, 2009.

Mohammadyari S., Singh H., "Understanding the Effect of E-learning on Individual Performance: The Role of Digital Literacy", *Computers & Education*, No. 82, 2015.

Morgeson F. P., et al., "Leadership in Teams: A Functional Approach to Understanding Leadership Structures and Processes", *Journal of Management*, Vol. 36, No. 1, 2010.

Nambisan, Satish, "Digital Entrepreneurship: toward A Digital Technology Perspective of Entrepreneurship", *Entrepreneurship Theory and Practice*, Vol. 41, No. 6, 2017.

Nambisan S., et al., "The Digital Transformation of Innovation and Entrepreneurship: Progress, Challenges and Key Themes", *Research Policy*, Vol. 48, No. 8, 2019.

Naseer S., et al. "Perils of Being Close to A Bad Leader in A Bad Environment: Exploring the Combined Effects of Despotic Leadership, Leader Member Exchange, And Perceived Organizational Politics on Behaviors", *The Leadership Quarterly*, Vol. 27, 2016, No. 1.

Newman A., et al., "The Effects of Employees' Creative Self-efficacy on Innovative Behavior: The Role of Entrepreneurial Leadership", *Journal of Business Research*, No. 89, 2018.

Oldham G. R., Cummings A., "Employee Creativity: Personal and Contextual Factors at Work", *Academy of Management Journal*, Vol. 39, No. 3, 1996.

Parker S. K., et al., "When Is Proactivity Wise? A Review of Factors That Influence the Individual Outcomes of Proactive Behavior", *Annual Review of Organizational Psychology and Organizational Behavior*, No. 6, 2019.

Parker S. K., et al., "Making Things Happen: A Model of Proactive Motivation", *Journal of Management*, Vol. 36, No. 4, 2010.

Petry T., *Digital leadership*, In, North K, Maier R, Haas O (eds), Springer, Cham, 2018.

Politis J., "The Effect of E-leadership on Organizational Trust and Commitment of Virtual Teams", European Conference on Management, Leadership & Governance, Academic Conferences International Limited, 2014.

Puente-Díaz R., "Creative Self-efficacy: An Exploration of Its Antecedents, Consequences, and Applied Implications", *The Journal of Psychology*, Vol. 150, No. 2, 2016.

Ryan R. M., Deci E. L., "Self-determination Theory and the Facilitation of Intrinsic Motivation, Social Development, and Well-being", *American Psychologist*, Vol. 55, No. 1, 2000.

Sabai Khin, Theresa CF Ho, "Digital Technology, Digital Capability and Organizational Performance: A Mediating Role of Digital Innovation", *International Journal of Innovation Science*, Vol. 11, No. 2, 2018.

Scott S. G., Bruce R. A., "Determinants of Innovative Work Behavior: A Path Model of Individual Innovation in the Workplace". *Academy of Management Journal*, Vol. 37, No. 3, 1994.

Seibert S., E., et al., "Proactive Personality and Career Success", *Journal of Applied Psychology*, Vol. 84, No. 3, 1999.

Seo Y., W., et al., *Digital Creativity*. Springer, New York, 2013.

Shalley C. E., Blum T. C., "Interactive Effects of Growth Need Strength, Work Context, and Job Complexity on Self-reported Creative Performance", *Academy of Management Journal*, Vol. 52, No. 3, 2009.

Shin J., et al., "Sustainability and Organizational Performance in South Korea: The Effect of Digital Leadership on Digital Culture and Employees' Digital Capabilities", *Sustainability*, Vol. 15, No. 3, 2023.

Sia S. K., et al., "How DBS Bank Pursued a Digital Business Strategy", *MIS Quarterly Executive*, Vol. 15, No. 2, 2016.

Spitzmuller M., et al., "Investigating the Uniqueness and Usefulness of Proactive Personality in Organizational Research: A Meta-analytic Review", *Human Performance*, Vol. 28, No. 4, 2015.

Stamper C. L., Masterson S. S., "Insider or Outsider? How Employee Perceptions of Insider Status Affect Their Work Behavior", *Journal of Organizational Behavior*, Vol. 23, No. 8, 2002.

Sui Y., Wang H., "Relational Evaluation, Organization-based Self-esteem, and Performance: The Moderating Role of Allocentrism", *Journal of Leadership & Organizational Studies*, Vol. 21, No. 1, 2014.

Temelkova M., "Skills for Digital Leadership-prerequisite for Developing High-tech Economy", *International Journal of Advanced Research in Management and Social Sciences*, Vol. 7, No. 12, 2018.

Tierney P., Farmer S. M., "Creative self-efficacy: Its Potential Antecedents and Relationship to Creative Performance", *Academy of Management journal*, Vol. 45, No. 6, 2002.

Tierney P., et al., "An Examination of Leadership and Employee Creativity: The Relevance of Traits and Relationships", *Personnel Psychology*, Vol. 52, 1999, No. 3.

Tu Min-Hsuan, et al., "Breaking the Cycle: The Effects of Role Model Performance and Ideal Leadership Self-concepts on Abusive Supervision Spillover", *The Journal of applied psychology*, Vol. 103, No. 7, 2018.

Turel O., et al., "Is board IT Governance A Silver Bullet? A Capability Complementarity and Shaping View", *International Journal of Accounting Information Systems*, Vol. 33, No. 2, 2019.

Vansteenkiste M., et al., "On the Relations among Work Value Orientations, Psychological Need Satisfaction and Job Outcomes: A Self-determination Theory Approach", *Journal of occupational and organizational psychology*, Vol. 80, N0. 2, 2007.

Vanwart M. A., et al., "Operationalizing the Definition of E-Leadership: Identifying the Elements of E-Leadership", *International Review of Administrative Sciences*, Vol. 85, 2019, No. 1.

Verhoef, Peter C., et al., "Digital Transformation: A Multidisciplinary Reflection and Research Agenda", *Journal of Business Research*, No. 122, 2021.

Vinarski-Peretz H., et al., "Subjective Relational Experiences and Employee Innovative Behaviors in the Workplace", *Journal of Vocational Behavior*, Vol. 78, No. 2, 2011.

Waldman D. A., et al., "Does Leadership Matter? CEO Leadership Attributes and Profitability under Conditions of Perceived Environmental Uncertainty", *Academy of Management Journal*, Vol. 44, No. 1, 2001.

Walter F., et al., "Harnessing Members' Positive Mood for Team-directed Learning Behavior and Team Innovation: The Moderating Role of Perceived Team Feedback", *European Journal of Work and Organizational Psychology*, Vol. 22, No. 2, 2013.

Walter F., V., et al., "Harnessing Members' Positive Mood for Team-directed Learning Behavior and Team Innovation: The Moderating Role of Perceived Team Feedback", *European Journal of Work and Organizational Psychology*, Vol. 22, No. 2, 2013.

Walumbwa F., O., et al., "Servant Leadership, Procedural Justice Climate, Service Climate, Employee Attitudes, and Organizational Citizenship Behavior: A Cross-level Investigation", *Journal of Applied Psychology*, Vol. 95, No. 3, 2010.

Wang D., et al., "How Authentic Leadership Impacts on Job Insecurity: The Multiple Mediating Role of Psychological Empowerment and Psychological Capital", *Stress and Health*, Vol. 37, No. 1, 2021.

Wang J., Kim T. Y., "Proactive Socialization Behavior in China: The Mediating Role of Perceived Insider Status and the Moderating Role of Supervisors' Traditionality", *Journal of Organizational Behavior*, Vol. 34, No. 3, 2013.

Wang S., et al., "Idiosyncratic Deals and Employee Creativity: The Mediating Role of Creative Self-efficacy", *Human Resource Management*, Vol. 57, No. 6, 2018.

Wang S., et al., "Thinking Outside of the Box When the Box Is Missing: Role Ambiguity and Its Linkage to Creativity", *Creativity Research Journal*, Vol. 23, No. 3, 2011.

Warner, K. S., Wäger, M., "Building Dynamic Capabilities for Digital Transformation: An On-going Process of Strategic Renewal", *Long Range Planning*, Vol. 52, No. 3, 2019.

Wiradendi Wolor et al., "Effectiveness of E-training, E-leadership, and Work-life Balance on Employee Performance during COVID-19", *Journal of Asian Finance*, Vol. 7, No. 10, 2020.

Xiong C., Z., Aryee, S., "Delegation and Employee Work Outcomes: An Examination of the Cultural Context of Mediating Processes in China", *Academy of Management Journal*, Vol. 50, No. 1, 2007.

Zhang X., Zhou J., "Empowering Leadership, Uncertainty Avoidance, Trust, and Employee Creativity: Interaction Effects and A Mediating Mechanism", *Organizational Behavior and Human Decision Processes*, Vol. 124, No. 2, 2014.

Zhen J., et al., "The Impact of IT Governance Mechanisms on Organizational Agility and The Role of Top Management Support and IT Ambidexterity", *International Journal of Accounting Information Systems*,

No. 40, 2021.

Zhou J., George J. M., "When Job Dissatisfaction Leads to Creativity: Encouraging the Expression of Voice", *Academy of Management Journal*, Vol. 44, No. 4, 2001.

Zulu S. L., Khosrowshahi F., "A Taxonomy of Digital Leadership in the Construction Industry", *Construction Management and Economics*, Vol. 39, No. 7, 2021.